10

UNIVERSITÉ DE FRANCE

TRAVAUX & MÉMOIRES

DES

FACULTÉS DE LILLE

TOME III — Mémoire N° 10.

Médéric DUFOUR. — Étude sur la constitution rythmique et métrique du drame grec

LILLE
AU SIÈGE DES FACULTÉS, PLACE PHILIPPE-LEBON

1893

UNIVERSITÉ DE FRANCE

TRAVAUX & MÉMOIRES

DES

FACULTÉS DE LILLE

TOME III — Mémoire N° 10.

Médéric DUFOUR. — Étude sur la constitution rythmique et métrique du drame grec

LILLE

AU SIÈGE DES FACULTÉS, PLACE PHILIPPE-LEBON

1893

Le Conseil Général des Facultés de Lille a ordonné l'impression de ce mémoire, le 14 Novembre 1892.

L'impression a été achevée, chez LE BIGOT FRÈRES, A LILLE, le 15 Mars 1893.

ÉTUDE

SUR LA

CONSTITUTION RYTHMIQUE

ET

MÉTRIQUE DU DRAME GREC

PAR

Médéric DUFOUR

Chargé du cours de Philologie grecque et latine
à la Faculté des lettres de Lille

TRAVAUX ET MÉMOIRES DES FACULTÉS DE LILLE
Tome III — Mémoire Nº 10.

LILLE
AU SIÈGE DES FACULTÉS, PLACE PHILIPPE-LEBON

1893

A LA MÉMOIRE

DE MON MAITRE O. RIEMANN

M. D.

PREMIÈRE SÉRIE

SOPHOCLE : *Electre.*

» *Œdipe-Roi.*

EURIPIDE : *Les Bacchantes.*

» *Electre.*

AVANT-PROPOS

Les études de rythmique et de métrique sur l'*Electre* et l'*Œdipe-roi* de Sophocle, les *Bacchantes* et l'*Electre* d'Euripide, que je présente aujourd'hui au public, ne forment qu'une partie d'un travail d'ensemble, qui comprendra les œuvres dramatiques les plus importantes de la littérature grecque.

Le choix des tragédies que j'ai analysées paraîtra peut-être arbitraire. La seule raison qui l'ait déterminé, c'est, en effet, le renouvellement des programmes de la licence ès-lettres et de l'agrégation de grammaire. L'ordre dans lequel seront publiées ces analyses me semble d'ailleurs importer peu au résultat que je me suis efforcé d'obtenir.

Ces études ne s'adressent pas seulement aux philologues. C'est à eux, sans doute, qu'il appartient de me juger; c'est d'eux que j'attends des encouragements, des conseils, des critiques. Mais j'ai aussi espéré, en poursuivant mes recherches, rendre service à tous les amis des lettres grecques : je me suis appliqué à donner au lecteur une idée aussi exacte que possible de ce que devait être la représentation d'une tragédie ou d'une comédie, au siècle de Périclès. Il m'a semblé, en effet, que l'on ne saurait atteindre à une intelligence complète des textes, si on ne se préoccupait des lois du rythme dans les parties lyriques et de la symétrie dans les parties dialoguées du drame grec.

Je n'ai ni indiqué ni justifié la méthode que j'ai suivie pour scander les vers lyriques. Je prends la liberté de renvoyer les lecteurs, qui en seraient curieux, à mon *Traité de rythmique grecque*, qui sera bientôt mis en vente par l'éditeur A. Colin, en même temps que le *Cours de grammaire comparée du grec et du latin* d'O. RIEMANN, publié par *M. Goelzer*.

S'ils désiraient pénétrer plus avant encore dans l'étude de la rythmique et de la métrique grecques, je leur conseillerais la lecture des ouvrages suivants, que je n'ai cessé de consulter au cours de mon travail, et aux auteurs desquels je saisis cette occasion d'exprimer ma reconnaissance : ROSSBACH et WESTPHAL : *Theorie der musischen Kunste der Hellenen*. IIIᵉ Bᵈ. *specielle griechische Metrik von* ROSSBACH. (Leipz. Teubner. 1889). — H. GLEDITSCH : *Metrik der Griechen und Römer* (Handbuch der Klass. Altertumswissenschafft, von MULLER. IIᵉ Bᵈ München. 1890); *Die Cantica der sophocl. Tragödien*. (Wein. 1883).

Je prie le public de faire bon accueil à mon travail. Les questions dont j'ai traité sont obscures et difficiles. Aussi parmi les solutions que je propose, en doit-il être beaucoup de discutables ; plusieurs, je l'avoue, ne m'ont moi-même satisfait qu'à demi.

Je serais donc fort obligé à mes lecteurs de me signaler les erreurs que j'ai pu commettre. Il n'est pas de conseil ni de critique que je ne sois prêt à accepter.

M. D.

A Lille, le 19 novembre 1892.

INTRODUCTION

De la tragédie.

Là tragédie grecque est un ποίημα μικτόν. Elle a, en effet,
été primitivement formée par la réunion et la fusion de deux
éléments distincts, le *lyrisme chorique* et le *récit épique*. Le
premier a donné naissance aux *chants du chœur* et aux *mono-
dies; le second, au *dialogue*.

Dans les parties chantées, les poètes tragiques sont restés
fidèles à la tradition des anciens lyriques, dont ils ont conservé
presque tous les mètres, les systèmes anapestiques, aussi bien
que les séries logaédiques. Ils n'ont inventé que le rythme
dogmiaque. Dans le dialogue, ils ont substitué à l'hexamètre
dactylique de l'épopée le trimètre iambique, plus vif, plus pathé-
tique et, en même temps, plus voisin du langage parlé.

Lorsque la tragédie est arrivée à son complet développe-
ment elle comprend neuf parties, cinq dialoguées : le πρόλογος,
les trois ἐπεισόδια et l'ἔξοδος ; — et quatre chantées : la πάροδος,
et les trois στάσιμα. Les parties lyriques sont intercalées entre
les parties dialoguées, de sorte que la tragédie présente la disposition suivante :

πρόλογος,

πάροδος,

ἐπεισόδιον α',

στάσιμον α',

ἐπεισόδιον β',

στάσιμον β',

ἐπεισόδιον γ΄,

στάσιμον γ΄,

ἔξοδος. (1)

Le chœur peut, d'ailleurs, se mêler au dialogue par l'intermédiaire de son coryphée ; et, de leur côté, les acteurs en scène chantent parfois des morceaux lyriques, les μέλη ἀπὸ σκηνῆς. Ces chants sont tantôt exécutés par un seul acteur (μονῳδίαι), tantôt par deux ou trois acteurs (ἀμοιβαῖα ἀπὸ σκηνῆς); tantôt par les acteurs et le chœur, représenté par un ou deux chorentes (κομμοί et θρῆνοι). Enfin, dans les épisodes, s'intercalent souvent des chœurs secondaires appelés *chœurs épisodiques*.

Les cinquante chorentes, qui exécutaient le dithyrambe, avaient été répartis entre les quatre pièces de la tétralogie. Le chœur tragique comptait donc *douze* voix. Ce nombre fut porté à *quinze* par Sophocle.

A la tête du chœur était le *coryphée* (ἐξάρχων, ἡγεμών, κορυφαῖος). Il représente l'ensemble des chorentes, et c'est à lui qu'en parlant ou en chantant, s'adressent les acteurs. Lorsqu'il en était besoin, le chœur se partageait en deux demi-chœurs ou ἡμιχόρια, (2) dirigés par les παραστάται (3).

Il entrait dans l'ὀρχήστρα précédé de l'αὐλητής, qui jouait de l'αὐλός, ou double flûte (4). Tous les chants du chœur étaient, en effet, accompagnés de cet instrument, à l'exception des mono-

---

(1) Aristote (*Poétique*. 12. éd. Christ) définit ainsi les parties constitutives de la tragédie : ἔστιν δὲ πρόλογος μὲν μέρος ὅλον τραγῳδίας τὸ πρὸ χοροῦ παρόδου, ἐπεισόδιον δὲ μέρος ὅλον τραγῳδίας τὸ μεταξὺ ὅλων χορικῶν μελῶν, ἔξοδος δὲ μέρος ὅλον τραγῳδίας μεθ'ὃ οὐκ ἔστι χοροῦ μέλος. Χορικοῦ δὲ πάροδος μὲν ἡ πρώτη λέξις ὅλη χοροῦ, στάσιμον δὲ μέλος χοροῦ τὸ ἄνευ ἀναπαίστου καὶ τροχαίου· κομμὸς δὲ θρῆνος κοινὸς χοροῦ καὶ τῶν ἀπὸ σκηνῆς, τὰ δ'ἀπὸ σκηνῆς μέλη ἴδια τῶν ἀπὸ σκηνῆς.

(2) Voir Hésychius : διχορία, διχοριάζειν.

(3) Voir Aristote. *Politique*, III, 4; *Métaphysique*, IV, 11.

(4) Il faut faire exception pour le *Prométhée* d'Eschyle, dans lequel il y a, avant l'entrée du chœur, des chants, qui exigent la présence de l'αὐλητής. On verra qu'il en est de même pour l'*Électre* d'Euripide.

dies, auxquelles était consacrée la cithare (κιθάρα, κίθαρις, φόρμιγξ).

La formation du chœur était rectangulaire. Les choreutes s'avançaient κατὰ ζυγά, c'est-à-dire par files de trois,

<pre>
                        στοῖχοι
                   *   *   *   *   *
← ζυγά {   *   *   *   *   *
                   *   *   *   *   *
</pre>

ou bien κατὰ στοίχους, c'est-à-dire par rang de cinq : (1).

<pre>
                   ζυγά
                  *   *   *
                  *   *   *
← στοῖχοι {   *   *   *
                  *   *   *
                  *   *   *
</pre>

Comme à l'entrée du chœur dans l'ὀρχήστρα, la gauche de la colonne était la plus proche des spectateurs, c'était au στοῖχος de gauche qu'étaient les meilleurs choreutes, les ἀριστεροστάται. (2) Lorsque le chœur, pour revenir au milieu de l'ὀρχήστρα, faisait sa conversion à gauche, ce στοῖχος était tourné vers les acteurs :

<pre>
            3   2   1   2   3
ἀριστεροστάται : *   *   *   *   *

        πρωτοστάτης παραστάτης κορυφαῖος παραστάτης πρωτοστάτης
</pre>

Les systèmes anapestique de la πάροδος et de l'ἔξοδος indiquent qu'à son entrée et à sa sortie, le chœur exécutait une marche, rythmée par le son de la flûte. Le chant des στάσιμα était accompagné de danses. La danse tragique était l'ἐμμέλεια. Elle avait

---

(1) Voir Pollux. IV. 108 : καὶ τραγικοῦ μὲν χοροῦ ζυγὰ πέντε ἐκ τριῶν καὶ στοῖχοι τρεῖς ἐκ πέντε· πεντεκαίδεκα γὰρ ἦσαν ὁ χορός. Καὶ κατὰ τρεῖς μὲν εἰσήεσαν, εἰ κατὰ ζυγὰ γίνοιτο ἡ πάροδος· εἰ δὲ κατὰ στοίχους, ἀνὰ πέντε εἰσήεσαν. — Lorsque le chœur ne comprenait que douze exécutants, le στοῖχος ne comptait, bien entendu, que quatre choreutes.

(2) Pollux. II. 161 : τάχα δὲ καὶ ὁ ἀριστεροστάτης ἐν χορῷ προσήκοι ἂν τῇ ἀριστερᾷ, ὡς ὁ δεξιοστάτης τῇ δεξιᾷ.

un caractère noble et grave, et consistait en évolutions lentes et symétriques, dont le poète pouvait, à son gré, varier les figures, ou σχήματα, et qui devinrent, avec le temps, de moins en moins expressives (1). Il y avait aussi une autre danse, plus vive et plus légère, l'ὑπόρχημα, qui présentait, grâce à son rythme joyeux et presque sautillant, un contraste frappant avec le reste du drame.

Dans la tragédie primitive, il n'y avait qu'*un* acteur (ὑποκριτής ou ἀγωνιστής). Le dialogue s'engageait entre cet acteur et le coryphée. Eschyle en introduisit un *second*, et Sophole, un *troisième* (2). Suivant l'importance de leur rôle, ces acteurs se distinguaient en πρωταγωνιστής, δευτεραγωνιστής et τριταγωνιστής. Ils étaient tous trois du sexe masculin, de sorte que les rôles de femmes étaient toujours tenus par des hommes. Aux acteurs pouvaient s'ajouter, suivant les besoins de l'action, des figurants, ou personnages muets (κωφὰ πρόσωπα).

Le métre du dialogue, dans l'ancienne tragédie, était le *tétramètre trochaïque* : Ex. Esch. *Perses*. 155-6 :

> Ὦ βαθυζώνων ἄνασσα Περσίδων ὑπερτάτη,
>
> μῆτερ ἡ Ξέρξου γεραιά, χαῖρε Δαρείου γύναι.

Plus tard, ce vers fut remplacé par le *trimètre iambique*, et ne se rencontra plus alors qu'à des endroits déterminés, comme l'ἔξοδος. Mais il reparaît et redevient fréquent à partir de 416 avant J.-C.

Le trimètre iambique avait été introduit par Thespis. L'usage

(1) Voir Athénée. XIV. 62. 8. F.

(2) Aristote. *Poétique*. IV. 1449. a. 15 : Καὶ τό τε τῶν ὑποκριτῶν ἐξ ἑνὸς εἰς δύο πρῶτος Αἰσχύλος ἤγαγε καὶ τὰ τοῦ χοροῦ ἠλάττωσε καὶ τον λόγον πρωταγωνιστήν παρεσκεύασεν, τρεῖς δὲ καὶ σκηνογραφίαν Σοφοκλῆς. Eschyle profita de l'innovation de Sophocle. Dans les *Suppliantes*, les *Perses*, le *Prométhée*, il n'y a que deux acteurs. Mais il y en trois dans l'*Orestie* (458 avant J.-C.).

en devint bientôt général, à cause de sa ressemblance avec le langage de la conversation (1). Ex. Soph. *Electre.* 1-2.

> Ὦ τοῦ στρατηγήσαντος ἐν Τροίᾳ ποτὲ
>
> Ἀγαμέμνονος παῖ νῦν ἐκεῖν' ἔξεστί σοι...
>
> — ⏓ ⏑ ⏑ — ⏓ ⏑ | — — ⏓ ⏑ ⏑
>
> ⏑ ⏑ ⏓ ⏑ ⏑ — | ⏓ ⏑ ⏑ — ⏓ ⏑ ⏑.

On rencontre aussi, dans le dialogue, des *systèmes anapestiques* composés de dimètres, auxquels se mêlent parfois des monomètres, et que termine d'ordinaire un *parémiaque*, ou dimètre catalectique (2). Ex. Esch. *Prométhée* : 136-143 :

> Αἰαῖ, αἰαῖ,
>
> τῆς πολυτέκνου Τηθύος ἔκγονα,
>
> τοῦ περὶ πᾶσάν θ' εἱλισσομένου
>
> χθόν' ἀκοιμήτῳ ῥεύματι παῖδες
>
> πατρὸς Ὠκεανοῦ,
>
> δέρχθητ', ἐσίδεσθ' οἵῳ δεσμῷ
>
> πρὸσπορπατὸς
>
> τῆςδε φάραγγος σκοπέλοις ἐν ἄκροις
>
> φρουρὰν ἄζηλον ὀχήσω.
>
> — ⏓ — ⏓
>
> — ⏑ ⏑ — ⏓ — ⏑ ⏑ — ⏑ ⏑
>
> — ⏑ ⏑ — ⏓ — ⏓ ⏑ ⏑ ⏓
>
> ⏑ ⏑ ⏓ — ⏓ — ⏑ ⏑ — ⏓
>
> ⏑ ⏑ ⏓ ⏑ ⏑ ⏓
>
> — ⏓ ⏑ ⏑ ⏓ — ⏓ — ⏓
>
> — ⏓ — ⏓
>
> — ⏑ ⏑ — ⏓ ⏑ ⏑ ⏓ ⏑ ⏑ ⏓
>
> — ⏓ — ⏓ ⏑ ⏑ ⏑ ⏓ ⏓.

(1) Aristote. *Poétique.* IV. 1149. a. 21 : τὸ μὲν γὰρ πρῶτον τετραμέτρῳ ἐχρῶντο διὰ τὸ σατυρικὴν καὶ ὀρχηστικωτέραν εἶναι τὴν ποίησιν, λέξεως δὲ γενομένης αὐτὴ ἡ φύσις τὸ οἰκεῖον μέτρον ηὗρε· μάλιστα γὰρ λεκτικὸν τῶν μέτρων τὸ ἰαμβεῖόν ἐστιν. Les mots λέξεως δὲ γενομένης semblent indiquer qu'avant l'apparition du trimètre iambique, aucune partie dialoguée n'était simplement parlée. Le tétramètre trochaïque devait donc être toujours accompagné de musique.

(2) Voir *Revue de Philologie.* XVI. 3. Masqueray : *les systèmes anapestiques dans la tragédie grecque.*

Il est difficile de déterminer avec précision de quelle manière étaient débités les vers du dialogue. D'après le témoignage d'Aristote (*Poétique*. IV. 1449. a. 21), il semble que les trimètres iambiques étaient simplement déclamés. En tout cas, les vers du prologue ne pouvaient être accompagnés de musique, puisque l'αὐλητής n'entrait qu'avec le chœur. Pour les tétramètres trochaïques (1), les systèmes anapestiques et les trimètres intercalés entre des parties lyriques, on employait la παρακαταλογή, qui semble correspondre au récitatif de la musique moderne, et dont l'invention était attribuée à Archiloque (2). Il est, d'ailleurs à remarquer que la simple déclamation devint, très promptement d'un usage presque général.

Les parties dialoguées sont parfois distribuées en couplets symétriques, dont l'alternance rend plus frappantes les diverses péripéties du dialogue. Lorsque l'action se précipite, les scènes forment même des *stichomythies* ou des *distichomythies* (3), suivant que chaque interlocuteur débite un ou deux vers. Enfin, il arrive fréquemment, surtout chez Euripide, qu'un vers soit partagé, entre deux acteurs, en deux ἀντιλαβαί (4). La recherche de la *symétrie* et de l'*eurythmie* est sans doute moindre dans le dialogue que dans les morceaux lyriques. Elle se trahit pourtant jusque dans les scènes les plus pathétiques du drame.

(1) Voir Xénophon. Συμπόσιον. VI. 6.

(2) Plutarque. περὶ μουσικῆς. p. 1140. F : ἀλλὰ μὴν καὶ Ἀρχίλοχος τὴν τῶν τριμέτρων ῥυθμοποιΐαν προσεξηῦρε... καὶ τὴν παρακαταλογὴν καὶ τὴν περὶ ταῦτα κροῦσιν... ἔτι δὲ τῶν ἰαμβείων τὸ τὰ μὲν λέγεσθαι παρὰ τὴν κροῦσιν, τὰ δ'ᾄδεσθαι, Ἀρχίλογόν φασι καταδεῖξαι, εἶθ' οὕτω χρήσασθαι τοὺς τραγικοὺς ποιητάς·

(3) Pollux. IV. 113 : στιχομυθεῖν δὲ ἔλεγον τὸ παρ' ἓν ἰαμβεῖον ἀντιλέγειν καὶ τὸ πρᾶγμα στιχομυθίαν.

(4) Hésychius : ἀντιλαβαί : διαλογικαὶ ῥήσεις ἐξ ἡμιστιχίων λεγόμεναι κατὰ μικρὸν παρὰ τραγικοῖς. Cette distribution des hémistiches correspond exactement à la division du vers par la césure régulière après le trochée second. Cf. Soph. *Electre*. 1220.

SOPHOCLE

1

Électre

SOPHOCLE

I

Electre

Comme toutes les autres tragédies de Sophocle, l'Electre commence régulièrement par le πρόλογος.

Ce prologue a une forme particulière. Il comprend deux éléments. Le premier est un dialogue, en trimètres iambiques, entre le pédagogue et Oreste (v. 1-85). Le second est un μέλος ἀπὸ σκηνῆς d'Electre, en vers *anapestiques hypermètres* (v. 86-120). Il est à remarquer que, dans tout le théâtre de Sophocle, ce prologue est le seul qui contienne un morceau anapestique, de même qu'on n'y trouverait point d'autre monodie, si ce n'est le μέλος d'Antigone, à la fin du κομμός, qui constitue la πάροδος de l'*Œdipe à Colone*.

Aucune particularité n'est à signaler dans le dialogue iambique, si ce n'est peut-être la courte *distichomythie* du pédagogue et d'Oreste, v. 78-81.

Le μέλος anapestique d'Electre est formé de deux parties symétrique de dix-sept vers. Elles commencent toutes deux par un monomètre (86, 103) et se terminent par un parémiaque (102, 120). La correspondance entre les deux éléments du couple serait complète, si le second ne contenait un monomètre (116). L'élément fondamental du système est le dimètre, à coupe régulière après l'anapeste second :

$$\text{καὶ γῆς ἰσόμοιρ' ἀήρ, ὥς μοι (1).} \tag{87}$$

$$- \underset{\smile\smile}{} \smile \smile \underset{\smile}{} \mid - \underset{\smile\smile}{} - \underset{\smile}{}$$

(1) Nous suivons, à peu de variantes près, l'édition Tournier : *les Tragédies de Sophocle*. Paris, Hachette, 1886.

Quelquefois la coupe est reculée d'une syllabe et se place après la première brève de l'anapeste troisième :

$$\text{ὅσα τὸν δύστηνον ἐμὸν θρηνῶ.} \qquad (94)$$

$$\cup\;\cup\;\underline{\smile\smile}\;-\;\underline{\smile}\;\cup\;|\;\cup\;\underline{\smile\smile}\;-\;\underline{\smile}$$

A côté du dimètre complet, se rencontre aussi le dimètre catalectique, ou parémiaque qui n'a pas de coupe régulière ⁓,

$$\text{λύπης ἀντίρροπον ἄχθος.} \qquad (120)$$

$$-\;\underline{\smile\smile}\;-\;\underline{\smile}\;\cup\;\cup\;\underline{\cup}\;\underline{\cup}.$$

La πάροδος (121-250) a la forme d'un κομμός, ou dialogue lyrique entre Electre et le chœur. Le chant du chœur alterne avec celui de la scène.

Ce κομμός comprend trois couples antistrophiques et une épode, ainsi répartis entre Electre et le coryphée :

$$
\left\{
\begin{array}{l}
\text{στρ. α′}\left\{\begin{array}{l}\text{Ch. — 121 — 127 = 7 v.}\\ \text{El. — 128 — 136 = 8 v.}\end{array}\right\} = 15\ \text{v.}\\[2em]
\text{ἀντ. α′}\left\{\begin{array}{l}\text{Ch. — 137 — 143 = 7 v.}\\ \text{El. — 144 — 152 = 8 v.}\end{array}\right\} = 15\ \text{v.}\\[2em]
\text{στρ. β′}\left\{\begin{array}{l}\text{Ch. — 153 — 163 = 10 v.}\\ \text{El. — 164 — 172 = 8 v.}\end{array}\right\} = 18\ \text{v.}\\[2em]
\text{ἀντ. β′}\left\{\begin{array}{l}\text{Ch. — 173 — 184 = 10 v.}\\ \text{El. — 185 — 192 = 8 v.}\end{array}\right\} = 18\ \text{v.}\\[2em]
\text{στρ. γ′}\left\{\begin{array}{l}\text{Ch. — 194 — 200 = 8 v.}\\ \text{El. — 201 — 212 = 11 v.}\end{array}\right\} = 19\ \text{v.}\\[2em]
\text{ἀντ. γ′}\left\{\begin{array}{l}\text{Ch. — 213 — 220 = 8 v.}\\ \text{El. — 221 — 232 = 11 v.}\end{array}\right\} = 19\ \text{v.}\\[2em]
\text{ἐπῳδ.}\left\{\begin{array}{l}\text{Ch. — 233 — 235 = 3 v.}\\ \text{El. — 236 — 250 = 14 v.}\end{array}\right\} = 17\ \text{v.}
\end{array}
\right.
$$

Le premier couple antistrophique (121-136 = 137-152) est composé dans le rythme *dactylo-trochaïque*.

Les sept premiers vers, attribués au chœur, comprennent deux tétrapodies catalectiques, une pentapodie catalectique, deux tétrapodies dactyliques (εἶδος κατὰ δάκτυλον), et une série iambique syncopée de deux vers ;

'Ω παῖ, παῖ δυστανοτάτας
'Ηλέκτρα ματρὸς, τίν' ἀεὶ
τάκεις ὧδ' ἀκόρεστον οἰμωγὰν
τὸν πάλαι ἐκ δολερᾶς ἀθεώτατα
ματρὸς ἁλόντ' ἀπάταις 'Αγαμέμνονα
κακᾷ τε χειρὶ πρόδοτον; ὡς ὁ τάδε πορὼν
ὄλοιτ', εἴ μοι θέμις τάδ' αὐδᾶν.

‒ ◡ ‒ ◡ ‒ ◡ ◡ ‒
‒ ◡ ‒ ◡ ‒ ◡ ◡ ‒
‒ ◡ ‒ ◡ ◡ ‒ ◡ ‒ ◡ ‒
‒ ◡ ◡ ‒ ◡ ◡ ‒ ◡ ◡ ‒ ◡ ◡
‒ ◡ ◡ ‒ ◡ ◡ ‒ ◡ ◡ ‒ ◡ ◡
◡ ‒ ◡ ‒ ◡ ◡ ◡ ◡ ‒ ◡ ◡ ◡ ◡ ‒
◡ ‒ ‒ ◡ ‒ ◡ ‒ ‒ ◡.

Les huit vers, attribués à Électre, sont formés d'une tripodie,
de quatre tétrapodies (εἶδος x. δ.), d'une hexapodie, et d'une
série iambique syncopée de deux vers :

'Ω γενέθλα γενναίων,
ἥκετ' ἐμὼν καμάτων παραμύθιον.
Οἶδά τε καὶ ξυνίημι τάδ', οὔ τί με
φυγγάνει, οὐδ' ἐθέλω προλιπεῖν τόδε,
μὴ οὐ τὸν ἐμὸν στενάχειν πατέρ' ἄθλιον.
'Αλλ', ὦ παντοίας φιλότητος ἀμειβομέναι χάριν,
ἐᾶτε μ' ὧδ' ἀλύειν,
αἰαῖ, ἱκνοῦμαι.

‒ ◡ ◡ ‒ ◡ ‒ ◡ ‒
‒ ◡ ◡ ‒ ◡ ◡ ‒ ◡ ◡ ‒ ◡ ◡
‒ ◡ ◡ ‒ ◡ ◡ ‒ ◡ ◡ ‒ ◡ ◡
‒ ◡ ◡ ‒ ◡ ◡ ‒ ◡ ◡ ‒ ◡ ◡
‒ ◡ ◡ ‒ ◡ ◡ ‒ ◡ ◡ ‒ ◡ ◡
‒ ◡ ‒ ◡ ◡ ‒ ◡ ◡ ‒ ◡ ◡ ‒ ◡ ◡
◡ ‒ ◡ ‒ ◡ ‒ ‒
‒ ◡ ◡ ‒ ◡.

Le second couple antistrophique (153-172 = 173-192) est composé dans le même rythme. Les dix premiers vers, chantés par
le chœur, comprennent une série iambique syncopée de quatre

vers, un hexamètre dactylique, une nouvelle série iambique
syncopée de trois vers, une tétrapodie dactylique ou εἶδος κ. δ.
et, enfin, une série iambique syncopée.

> Οὔτοι σοὶ μούνᾳ, τέχνον,
> ἄχος ἐφάνη βροτῶν,
> πρὸς ὅ τι σὺ τῶν ἔνδον εἶ περισσὰ,
> οἷς ὁμόθεν εἶ καὶ γονᾷ ξύναιμος,
> οἷα Χρυσόθεμις ζωει ταὶ Ἰφιάνασσα,
> κρυπτᾷ τ' ἀχέων ἐν ἥβᾳ
> ὄλβιος, ὃν ἁ κλεινὰ
> γᾶ ποτε Μυκηναίων
> δέξεται εὐπατρίδαν, Διὸς εὔφρονι
> βήματι μολόντα τάνδε γᾶν Ὀρέσταν.

$$\_\,\acute{}\_\,\acute{}\_\,\acute{}\_\,\cup\,\cup$$
$$\cup\,\cup\,\cup\,\cup\,\acute{}\,\cup\,\acute{}$$
$$\cup\,\cup\,\cup\,\cup\,\_\,\acute{}\,\_\,\acute{}\,\cup\,\_\,\acute{}$$
$$\_\,\cup\,\cup\,\cup\,\_\,\acute{}\,\_\,\acute{}\,\cup\,\_\,\cup$$
$$\acute{}\,\_\,\acute{}\,\cup\,\cup\,\acute{}\,\_\,\_\,\acute{}\,\_\,\acute{}\,\cup\,\cup\,\acute{}\,\chi$$
$$\_\,\acute{}\,\cup\,\acute{}\,\cup\,\_\,\acute{}\,\_$$
$$\_\,\cup\,\cup\,\cup\,\acute{}\,\_\,\acute{}$$
$$\_\,\cup\,\cup\,\cup\,\acute{}\,\_\,\_$$
$$\acute{}\,\cup\,\cup\,\acute{}\,\_\,\cup\,\cup\,\acute{}\,\cup\,\cup\,\acute{}\,\cup\,\cup$$
$$\_\,\cup\,\cup\,\cup\,\acute{}\,\_\,\acute{}\,\cup\,\acute{}\,\_\,\acute{}\,\cup\,\_\,\acute{}\,\acute{}$$

Les huit vers attribués à Electre sont : une série iambique
syncopée de deux vers, quatre tétrapodies dactyliques ou εἶδος κ. δ.
et une nouvelle série iambique syncopée de deux vers.

> Ὃν γ' ἐγὼ ἀκάματα προσμένουσ', ἄτεκνος,
> τάλαιν', ἀνύμφευτος, αἰὲν οἰχνῶ
> δάκρυσι μυδαλέα, τὸν ἀνήνυτον
> οἶτον ἔχουσα κακῶν· ὃ δὲ λάθεται
> ὧν τ' ἔπαθ' ὧν τ' ἐδάη· Τί γὰρ οὐκ ἐμοὶ
> ἔρχεται ἀγγελίας ἀπατώμενον;
> Ἀεὶ μὲν γὰρ ποθεῖ,
> ποθῶν δ' οὐκ ἀξιοῖ φανῆναι·

— ⏑ ⏑ ⏑ ⏑ ⏑ ⏑ ⏓ ⏑ ⏓ ⏑ ⏓ ⏓

⏑ ⏓ ⏑ ⏓ ⏓ ⏑ ⏓ ⏑ ⏓ ⏓

⏓ ⏑ ⏑ ⏓ ⏑ ⏑ ⏓ ⏑ ⏑ ⏓ ⏑ ⏑

⏓ ⏑ ⏑ ⏓ ⏑ ⏑ ⏓ ⏑ ⏑ ⏓ ⏑ ⏑

⏓ ⏑ ⏑ ⏓ ⏑ ⏑ ⏓ ⏑ ⏑ ⏓ ⏑ ⏑

⏓ ⏑ ⏑ ⏓ ⏑ ⏑ ⏓ ⏑ ⏑ ⏓ ⏑ ⏑

⏑ ⏓ — ⏓ ⏑ ⏓

⏑ ⏓ — ⏓ ⏑ ⏓ ⏑ ⏓ ⏓.

Avec le troisième couple antistrophique (194-212 = 213-232), le rythme change : il est *logaédique*.

Les huit vers du chœur sont une série logaédique de forme anapestique (sept vers), suivie d'une tripodie trochaïque :

> Οἰκτρὰ μὲν νόστοις αὐδὰ,
>
> οἰκτρὰ δ' ἐν κοίταις πατρῴαις,
>
> ὅτε οἱ παγχάλκων ἀνταία
>
> γενύων ὡρμάθη πλαγά.
>
> Δόλος ἦν ὁ φράσας, ἔρος ὁ κτείνας,
>
> δεινὰν δεινῶς προφυτεύσαντες
>
> μορφὰν εἴτ' οὖν θεὸς εἴτε βροτῶν
>
> ἦν ὁ ταῦτα πράσσων.

⏓ — ⏓ — ⏓ — ⏓

— ⏓ — ⏓ — ⏓ — ⏓

⏑ ⏑ ⏓ — ⏓ — ⏓ — ⏓

⏑ ⏑ ⏓ — ⏓ — ⏓ —

⏑ ⏑ ⏓ ⏑ ⏑ ⏓ ⏑ ⏑ ⏓ — ⏓

— ⏓ — ⏓ ⏑ ⏑ ⏓ — ⏓

— ⏓ — ⏓ ⏑ ⏑ ⏓ ⏑ ⏑ ⏓

⏓ ⏑ ⏓ ⏑ ⏓ —.

Les onze vers d'Electre sont une série logaédique de forme trochaïque, suivie d'une tétrapodie dactylique ou εἶδος χ. δ., et d'un dimètre iambique catalectique. La série logaédique comprend neuf vers ; le cinquième est un phérécratéen premier catalectique :

> Ὦ πασᾶν κείνα πλέον ἁμέρα,
>
> ἐλθοῦσ' ἐχθίστα δή μοι·
>
> ὦ νύξ, ὦ δείπνων ἀρρήτων
>
> ἔκπαγλ' ἄχθη·

τοὺς ἐμὸς ἴδε πατήρ

θανάτους αἰκεῖς διδύμαιν χειροῖν,

αἳ τὸν ἐμὸν εἷλον βίον πρόδοτον, αἵ μ᾽ ἀπώλεσαν·

οἷς θεὸς ὁ μέγας Ὀλύμπιος

ποίνιμα πάθεα παθεῖν πόροι,

μηδέ ποτ᾽ ἀγλαΐας ἀποναίατο

τοιάδ᾽ ἀνύσαντες ἔργα.

‒ ‒ ‒ ‒ ‒ ‒ ⏑ ⏑ ‒ ⏑ ‒

‒ ‒ ‒ ‒ ‒ ‒ ‒ .

‒ ‒ ‒ ‒ ‒ ‒ ‒

‒ ‒ ‒ ‒

‒ ⏑ ⏑ ⏑ ⏑ ⏑ ‒

⏑ ⏑ ‒ ‒ ‒ ⏑ ⏑ ‒ ‒ ‒

‒ ⏑ ⏑ ⏑ ‒ ‒ ‒ ‒ ⏑ ⏑ ⏑ ⏑ ‒ ⏑ ‒ ⏑ ‒

‒ ⏑ ⏑ ⏑ ⏑ ⏑ ⏑ ‒ ⏑ ‒

‒ ⏑ ⏑ ⏑ ⏑ ⏑ ⏑ ‒ ⏑ ‒

‒ ⏑ ⏑ ‒ ⏑ ⏑ ‒ ⏑ ⏑ ‒ ⏑ ⏑

‒ ⏑ ⏑ ⏑ ‒ ⏑ ‒ ⏑

Le rythme de l'épode (233-250) est également le *logaédique*
Les trois premiers vers, chantés par le chœur, sont une série
à deux temps catalectique, de forme spondaïque :

Ἀλλ᾽· οὖν εὐνοίᾳ γ᾽ αὐδῶ,

μάτηρ ὡσεί τις πιστά,

μὴ τίκτειν σ᾽ ἄταν ἄταις.

‒ ‒ ‒ ‒ ‒ ‒ ‒ $\overline{\wedge}$

‒ ‒ ‒ ‒ ‒ ‒ ‒ $\overline{\wedge}$

‒ ‒ ‒ ‒ ‒ ‒ ‒ $\overline{\wedge}$

Les vers suivants, chantés sur la scène par Electre, sont
formés de deux tétrapodies dactyliques (εἶδος κ. δ.); d'une série
à deux temps catalectique, commençant par un phérécratéen
premier catalectique et comprenant cinq vers ; d'un phérécratéen
premier catalectique ; d'un vers constitué par la réunion de deux
phérécratéens premiers catalectiques ; de deux tripodies trochaïques
catalectiques ; d'un glyconique second catalectique ; et, enfin,
d'une série trochaïque catalectique de deux vers :

Καὶ τί μέτρον κακότητος ἔφυ ; φέρε,
πῶς ἐπὶ τοῖς φθιμένοις ἀμελεῖν καλόν ;
ἐν τίνι τοῦτ' ἔβλαστ' ἀνθρώπων ;
μήτ' εἴην ἔντιμος τούτοις,
μήτ', εἴ τῳ πρόσκειμαι χρηστῷ,
ξυνναίοιμ' εὔκηλος, γονέων
ἐκτίμους ἴσχουσα πτέρυγας
ὀξυτόνων γόων.
Εἰ γὰρ ὁ μὲν θανὼν γᾶ τε καὶ οὐδὲν ὢν
κείσεται τάλας,
οἱ δὲ μὴ πάλιν
δώσουσ' ἀντιφόνους δίκας,
ἔρροι τ' ἂν αἰδὼς
ἁπάντων τ' εὐσέβεια θνατῶν.

–́ ⏑ ⏑ –́ ⏑ ⏑ –́ ⏑ ⏑ –́ ⏑ ⏑
–́ ⏑ ⏑ –́ ⏑ ⏑ –́ ⏑ ⏑ –́ ⏑ ⏑
–́ ⏑ ⏑ –́ ⏑ –́ –́ – –́
– –́ – –́ – –́ – –́
– –́ – –́ – –́ – –́
– –́ – –́ – –́ ⏑ ⏑ –́
– –́ – –́ – –́ ⏑ ⏑ ⏒
–́ ⏑ ⏑ –́ ⏑ –́ ⏑/∧
–́ ⏑ ⏑ –́ ⏑ –́ –́ ⏑ ⏑ –́ ⏑ –́ ⏑/∧
–́ ⏑ –́ ⏑ –́ ⏑/∧
–́ ⏑ –́ ⏑ –́ ⏑/∧
–́ – –́ ⏑ ⏑ –́ ⏑ –́
– –́ ⏑ –́ –́
⏑ –́ – –́ ⏑ –́ ⏑ –́ –́ ⏒/∧

L'ἐπεισόδιον α' (251-471) comprend : 1°) un dialogue en trimètres iambiques entre le chœur et Electre (251-327) ; — 2°) un dialogue en trimètres iambiques entre Chrysothémis, le chœur et Electre (327-471).

La fin du premier dialogue (310-323) est ainsi répartie entre le chœur et Electre :

2 — 2 ; 2 — 1 ; 2 — 1 ; 1 — 1 ; 1 — 1 ;

c'est-à-dire que les quatre premiers vers forment une *dislicho-mythie* et les quatre derniers une *stichomythie*.

Dans le second dialogue, il y a également une *stichomythie* entre Électre et Chrysothémis (385-414).

Le στάσιμον α' est formé d'un couple antistrophique et d'une épode (472-515) :

$$\left\{ \begin{array}{l} \text{στρ.} - 472 - 486 = 11 \text{ v.} \\ \text{ἀντ.} - 487 - 501 = 11 \text{ v.} \end{array} \right\}$$
$$\text{ἐπῳδ.}\quad 502 - 515 = 12 \text{ v.}$$

Le couple antistrophique (472-486 = 487-501) est composé dans le rythme *logaédique*. Les onze vers de la strophe comprennent un vers logaédique de forme choriambique ; un phérécratéen premier catalectique ; une série trochaïque catalectique de quatre vers ; un phérécratéen premier acatalectique, et, enfin, une série trochaïque catalectique de quatre vers.

Εἰ μὴ 'γὼ παράφρων μάντις ἔφυν καὶ γνώμας

λειπομένα σοφᾶς,

εἶσιν ἁ πρόμαντις

Δίκα, δίκαια φερομένα χεροῖν κράτη·

μέτεισιν, ὦ τέκνον, οὐ μακροῦ χρόνου.

Ὕπεστί μοι θράσος,

ἁδυπνόων κλύουσαν

ἀρτίως ὀνειράτων.

Οὐ γάρ ποτ' ἀμναστεῖ γ' ὁ φύσας Ἑλλάνων ἄναξ,

οὐδ' ἁ παλαιὰ χαλκόπλακτος ἀμφάκης γένυς,

ἅ νιν κατέπεφνεν αἰσχίσταις ἐν αἰκίαις.

$$\text{–́ – –́ ◡ ◡ ◡ –́ –́ ◡ ◡ –́ – –́ –}$$
$$\text{–́ ◡ ◡ –́ ◡ –́ ◡}$$
$$\text{–́ ◡ –́ ◡ – –́ ◡}$$
$$\text{◡ –́ ◡ –́ ◡ ◡ ◡ ◡ ◡ ◡ –́ ◡ –́ ◡ –́}$$
$$\text{◡ –́ ◡ – –́ –́ ◡ –́ ◡ –́ ◡ –́}$$
$$\text{◡ –́ ◡ –́ ◡ ◡ ◡}$$
$$\text{–́ ◡ ◡ –́ ◡ –́ ◡}$$
$$\text{–́ ◡ –́ ◡ –́ ◡ –́}$$

$$— \acute{\smile} \cup \acute{\smile} — \acute{\smile} \cup \acute{\smile} — — \acute{\smile} \cup \acute{\smile}$$
$$— \acute{\smile} \cup \acute{\smile} — \acute{\smile} \cup \acute{\smile} \cup \acute{\smile} — \acute{\smile} \cup \acute{\smile}$$
$$— \acute{\smile} \cup \cup \acute{\smile} \cup \acute{\smile} — \acute{\smile} \cup \acute{\smile} — \acute{\smile} \overset{\cup}{\wedge}$$

L'épode (502-515 est de forme *iambique*. L'élément constitutif en est la tripodie iambique.

> Ὦ Πέλοπος ἁ πρόσθεν
>
> πολύπονος ἱππεία,
>
> ὡς ἔμολες αἰανή
>
> τᾷδε γᾷ.
>
> Εὖτε γὰρ ὁ ποντισθεὶς
>
> Μυρτίλος ἐκοιμάθη,
>
> παγχρυσέων δίφρων
>
> δυστάνοις αἰκίαις
>
> πρόρριζος ἐκριφθείς,
>
> οὔ τί πω
>
> ἔλιπεν ἐκ τοῦδ' οἴκους
>
> πολυπήμονας αἰκιά. (1)

$$— \cup \cup \cup \acute{\smile} — \acute{\smile}$$
$$\cup \cup \cup \cup \acute{\smile} — \acute{\smile}$$
$$— \cup \cup \cup \acute{\smile} — \acute{\smile}$$
$$\acute{\smile} \cup \acute{\smile}$$
$$— \cup \cup \cup \acute{\smile} — \acute{\smile}$$
$$— \cup \cup \cup \acute{\smile} — \acute{\smile}$$
$$— \acute{\smile} \cup \acute{\smile} \cup \acute{\smile}$$
$$— \cdot' — \acute{\smile} — \acute{\smile}$$
$$— \acute{\smile} \cup \acute{\smile} — \acute{\smile}$$
$$\acute{\smile} \cup \acute{\smile}$$
$$\cup \cup \cup — \acute{\smile} — \acute{\smile}$$
$$\cup \cup \acute{\smile} \cup \cup \acute{\smile} — \acute{\smile} \overset{\cup}{\wedge}$$

(1) Nous suivons pour ces trois derniers vers l'édition Tournier. Il faudrait scander le texte de Laurentianus de la manière suivante :

> οὔ τίς πω
>
> ἔλειπεν ἐκ τοῦδ' οἴκους
>
> πολύπονος αἰκία.

$$\acute{\smile} — \acute{\smile}$$
$$\cup \acute{\smile} \cup \acute{\smile} — \acute{\smile} —$$
$$\cup \cup \cup \cup \acute{\smile} — \acute{\smile},$$

L'ἐπεισόδιον β′ (516-1057) comprend : 1°) un dialogue, en trimètres iambiques entre Clytemnestre, Electre et le chœur (516-659); 2°) un dialogue, en trimètres iambiques, entre le pédagogue, le chœur, Clytemnestre et Electre (660-803); — 3°) un couplet d'Electre en trimètres iambiques (804-822); — 4°) un dialogue lyrique, ou κομμός, entre Electre et le chœur (823-870); — 5°) un dialogue, en trimètres iambiques, entre Chrysothémis, Electre et le chœur (871-1057).

Le premier dialogue contient une *distichomythie* entre Clytemnestre et Electre (622-633).

La première partie du second dialogue (660-680) présente une composition symétrique :

Péd. 2.

Ch. 1.

Péd. 2.

Ch. 1.

Péd. 2. }

Clyt. 2. } = *distichomythie.*

Péd. 1.

Clyt. 2.

Péd. 1.

El. 1.

Clyt. 1.

Péd. 1.

El. 1.

Clyt. 2.

Dans la troisième partie de ce même dialogue, on remarque une *stichomythie* de Clytemnestre et d'Electre (791-796).

Le dialogue lyrique ou κομμός entre Electre et le chœur (823-870) est formé de deux couples antistrophiques :

{ στρ. α′. — 823 — 836 = 9 v. }
{ ἀντ. α′. — 837 — 848 = 9 v. }

$$\left\{ \begin{array}{l} \text{στρ. β'. — 849 — 859 .... 10 v.} \\ \text{ἀντ. β'. — 860 — 870 .... 10 v.} \end{array} \right\}$$

Non seulement il y a entre la strophe et l'antistrophe de chaque couple une exacte correspondance dans le rythme, mais la distribution des vers ou des fragments de vers entre Électre et le chœur y est identique.

Le premier couple antistrophique (823-836 = 837-848), appartient au rythme *logaédique* : il est composé d'une série logaédique de forme choriambique :

Ποῦ ποτε κεραυνοὶ Διὸς, ἢ ποῦ φαέθων Ἅλιος, εἰ ταῦτ' ἐφορῶντες κρύπτουσιν ἕκηλοι ;

— Ἔ ἔ, αἰαῖ.

— Ὦ παῖ, τί δακρύεις ;

— Φεῦ.

— Μηδὲν μέγ' αὔσῃς.

— Ἀπολεῖς.

      — Πῶς :

— Εἰ τῶν φανερῶς οἰχομένων εἰς Ἀΐδαν ἐλπίδ' ὑποί- σεις, κατ' ἐμοῦ τακομένας μᾶλλον ἐπεμβάσῃ.

— ⏑ ⏑ ⏑ ⏜ ́ ⏑ ⏑ ⏑ ⏜ ́ ⏑ ⏑ ⏑ ⏜ ⏑ ⏑ ⏑ ⏜ ́ ⏑ ⏑ ⏜ ́
— ́ ⏑ ⏑ ⏜ ́
⏑ ⏑ ⏜ ́
— ́ ⏑ ⏑ ⏜ ́
—
⏜ ́ ⏑ ⏑ ⏜ ́
⏑ ⏑ ⏜ ́
— ́ ⏑ ⏑ ⏜ ́ ⏑ ⏑ ⏜ ́ ⏑ ⏑ ⏜ ́ ⏑ ⏑ ⏑ ́
́ ⏑ ⏑ ⏜ ́ ⏑ ⏑ ⏜ ́ ⏑ ⏑ ⏑ ́ — ‾

Le second couple antistrophique (849-859 = 860-870) est également composé dans le rythme *logaédique*. Après un vers trochaïque syncopé, vient une série anapestique spondaïque de trois vers ; on a ensuite un phérécratéen premier catalectique, un système trochaïque de trois vers, et, enfin, une série logaédique de deux vers, dont le dernier est un phérécratéen premier acatalectique.

> — Δειλαία δειλαίων κυρεῖς.
> — Κἀγὼ τοῦδ' ἴστωρ, ὑπερίστωρ,
> πανσύρτῳ παμμύνῳ πολλῶν.
> δεινῶν τε στυγνῶν τ' ἀχέων·
> — Εἴδομεν ἃ θροεῖς·
> — Μή μέ νυν μηκέτι
> παραγάγῃς, ἵν' οὐ
> — Τί φῄς;
> — πάρεισιν ἐλπίδων ἔτι κοινοτόκων
> εὐπατρίδων τ' ἀρωγαί.

```
—  —́ —  —́ —  —́ ⏑  —́
—́ —  —́ —  —́ ⏑  ⏑  —́ —
—́ —  —́ —  —́ —  —́ —
—́ —  —́ —  —́ ⏑  ⏑  —́  ‸
—́ ⏑  ⏑  —́ ⏑  —́  ⏑‸
—́ ⏑  —  —́ —́ ⏑  ⏑
⏑  ⏑  ⏑  —́ ⏑  —́
⏑  —́
⏑  —́ ⏑  —́ —́ ⏑  —́ ⏑  ⏑  —́ ⏑  ⏑  —́  ⏑‸
—́ ⏑  ⏑  —́ ⏑  —́ —
```

Enfin, dans le dialogue entre Chrsyothémis, Electre et le chœur, on remarque une *distichomythie* entre Electre et Chrysothémis (870-890), et des *stichomythies* d'Electre et de Chysothémis (920-923; 1023-1048). Le dialogue se termine par deux couplets symétriques de trois vers, ou tristiques, d'Electre et de Chrysothémis (1052-1057).

Le στάσιμον β' (1058—1097) comprend deux couples antistrophiques :

στρ. α'	— 1058	— 1069	= 8 v.
ἀστ. α'	— 1070	— 1081	= 8 v.
στρ. β'	— 1082	— 1089	= 6 v.
ἀντ. β'	— 1090	— 1097	= 6 v.

Le premier couple (1058-1069 = 1070-1081) appartient au
rythme *logaédique*. Les trois premiers vers forment une série
logaédique composée d'un diiambe, de quatre glyconiques premiers catalectiques et d'un alcaïque décasyllabe. Les deux vers
suivants sont des glyconiques seconds catalectiques ; et, enfin,
après un phérécratéen second acatalectique, la strophe se termine par une série logaédique de deux vers, constituée par la
juxtaposition de trois glyconiques premiers catalectiques et d'un
alcaïque décasyllabe.

> Τί τοὺς ἄνωθεν φρονιμωτάτους οἰωνοὺς
>
> ἐσορώμενοι τροφᾶς κηδομένους ἀφ' ὧν τε βλάστω-
>
> σιν ἀφ' ὧν τ' ὄνασιν εὕρωσι, τάδ' οὐκ ἐπ' ἴσας τελοῦμεν;
>
> Ἀλλ' οὐ τὰν Διὸς ἀστραπὰν
>
> καὶ τὰν οὐρανίαν Θέμιν,
>
> δαρὸν οὐκ ἀπόνητοι.
>
> Ὦ χθονία βροτοῖσι φάμα, ·κατά μοι βόασον οἰκτρὰν
>
> ὄπα τοῖς ἔνερθ' Ἀτρείδαις, ἀχόρευτα φέρουσ' ὀνείδη.

Le second couple (1083-1089 = 1090-1097) est également
logaédique. Le premier vers est un phérécratéen second acatalectique. Après une hexapodie trochaïque catalectique vient un
phérécratéen premier à catalexe après le deuxième temps fort
et la strophe se termine par une série trochaïque syncopée
catalectique de trois vers.

> Οὐδεὶς τῶν ἀγαθῶν γὰρ
>
> ζῶν κακῶς εὔκλειαν αἰσχῦναι θέλει
>
> νώνυμος, ὦ παῖ παῖ

ὡς καὶ σὺ πάγκλαυτον αἰῶνα κοινὸν εἵλου,

τὸ μὴ καλὸν καθοπλίσασα δύο φέφειν ἐν ἑνὶ λόγῳ,

σοφά τ' ἀρίστα τε παῖς κεκλῆσθαι.

$$\times\;-\;\acute\times\;\cup\;\cup\;\acute\times\;-$$
$$\acute\times\;\cup\;\acute\times\;-\;\acute\times\;\cup\;\acute\times\;-\;\times\;\cup\;\overset{\cup}{\wedge}$$
$$\acute\times\;\cup\;\cup\;\acute\times\;\acute\times\;-$$
$$-\;\acute\times\;\cup\;\acute\times\;\acute\times\;\cup\;\acute\times\;\acute\times\;\cup\;\acute\times\;\cup\;\acute\times\;\acute\times$$
$$\cup\;\acute\times\;\cup\;\acute\times\;\cup\;\acute\times\;\cup\;\acute\times\;\cup\;\cup\;\cup\;\cup\;\acute\times\;\cup\;\cup\;\cup\;\acute\times$$
$$\cup\;\acute\times\;\cup\;\acute\times\;\acute\times\;\cup\;\acute\times\;\cup\;\acute\times\;$$

L'ἐπεισόδιον γ' (1098-1383) est formé de trois parties : 1°) un dialogue iambique entre Oreste, le chœur et Electre (1098-1231); 2°) un dialogue, en partie lyrique, en partie iambique, entre Oreste et Electre (1232-1287); 3°) un dialogue iambique entre Oreste, Electre et le pédagogue (1288-1383).

Dans le premier dialogue, entre Oreste, le chœur et Electre, nous devons remarquer les vers *anapestiques* d'Electre (1160-1164) :

Οἴμοι μοι.

Ὦ δέμας οἰκτρόν.

Φεῦ, φεῦ·

Ὦ δεινοτάτας,

οἴμοι μοι...

$$-\;\acute\times\;-$$
$$-\;\cup\;\cup\;-\;\acute\times$$
$$-\;\acute\times$$
$$-\;\acute\times\;\cup\;\cup\;\acute\times$$
$$-\;\acute\times\;-$$

et les *stichomythies* d'Electre et d'Oreste (1176-1207; 1210-1219). Les vers 1209, 1219-1226 sont partagés en ἀντιλαϐαί.

Le dialogue, en partie lyrique, en partie iambique, entre Oreste et Electre est, avec celui des *Trachiniennes* (v. 971), le seul duo ἀπὸ σκηνῆς que nous trouvions dans le théâtre de Sophocle. Il comprend un couple antistrophique et une épode :

σ

$$\begin{cases}\text{στρ. }\alpha' - 1232 - 1252 = 20\text{ v.}\\ \text{ἀντ. }\alpha' - 1253 - 1272 = 20\text{ v.}\end{cases}\cdot$$
$$\text{ἐπῳδ.} \quad - 1273 - 1287 = 14\text{ v.}$$

SOPHOCLE : ÉLECTRE

La strophe et l'antistrophe nous offrent un exemple de la
composition *épirrhématique*, suivant laquelle des vers iambiques
s'intercalent régulièrement et en nombre fixe entre les parties
lyriques. On a, en effet, dans la strophe et l'antistrophe :

> Electre : quatre vers lyriques.
>> Oreste : un *trimètre iambique*.
> Electre : un vers lyrique.
>> Oreste : un *trimètre iambique*.
> Electre : cinq vers lyriques.
>> Oreste : deux *trimètres iambiques*.
> Electre : quatre vers lyriques.
>> Oreste : deux *trimètres iambiques*.

Le rythme des vers lyriques d'Electre est le *dogmiaque*.
On a ainsi :

Electre : série *dogmiaque* de trois vers, suivie d'un trimètre
iambique :

> Ἰὼ γοναί,
> γοναὶ σωμάτων ἐμοὶ φιλτάτων,
> ἐμόλετ' ἀρτίως,
> ἐφηύρετ', ἤλθετ', εἴδεθ' οὓς ἐχρήζετε.
> ⏑ ‒ ⏑ ‒
> ⏑ ‒‒ ‒ ⏑ ‒ ⏑ ‒‒ ‒ ⏑ ‒
> ⏑ ⏑ ⏑ ‒ ⏑ ‒
> ⏑ ‒ ⏑ ‒ ⏑ ‒ ⏑ ‒ ⏑ ‒ ⏑ ⏑

Oreste : un *trimètre iambique*.

Electre : un *bacchiaque* :

> Τί δ' ἔστιν :
> ⏑ ‒‒ ‒

Oreste : un *trimètre iambique* :

Electre : série *dogmiaque* de cinq vers :

> Ἀλλ' οὐ τὰν Ἄρτεμιν
> τὰν αἰὲν ἀδμήταν
> τόδε μὲν οὔ ποτ' ἀξιώσω τρέσαι

περισσὸν ἄχθος ἔνδον
γυναικῶν ὃν ἀεί.

— ⏑́ — ⏑́ ⏑ ⏑́
— ⏑́ ⏑ ⏑́ — ⏑́
⏑ ⏑ ⏑́ ⏑ ⏑́ ⏑ ⏑́ ⏑ ⏑́ ⏑́ ⏑́ ⏑ ⏑́
⏑ ⏑́ ⏑ ⏑́ ⏑ ⏑́ ⏑́ ⏑́
⏑ ⏑́ — — ⏑ ⏑ ⏑́.

Oreste : deux *trimètres iambiques*.

Electre : série *dogmiaque* de quatre vers :

> Ὀτοτοτοτοῖ τοτοῖ,
> ἀνέφελον ἐπέβαλες οὔ ποτε καταλύσιμον,
> οὐδέ ποτε λησόμενον ἁμέτερον
> οἷον ἔφυ κακόν.

⏑ ⏑ ⏑́ ⏑ ⏑́ ⏑ ⏑́
⏑ ⏑́ ⏑ ⏑ ⏑ ⏑ ⏑ ⏑ — ⏑́ ⏑ ⏑ ⏑ ⏑ ⏑ ⏑
— ⏑ ⏑ ⏑ ⏑́ ⏑ ⏑́ ⏑ ⏑́ ⏑ ⏑ ⏑
— ⏑ ⏑ ⏑́ ⏑ ⏑́.

Oreste : deux *trimètres iambiques*.

La composition de l'épode ne présente pas la même régularité.
On a, en effet, après trois vers lyriques d'Electre, une nouvelle
série de deux vers lyriques, dont le premier est partagé entre
Oreste et Electre ; puis un trimètre iambique d'Oreste ; un vers
lyrique d'Electre ; un vers lyrique d'Oreste, et enfin six vers
lyriques d'Electre. Tout le morceau appartient au rythme *iambo-
dogmiaque* : il peut se scander ainsi :

Electre : série *iambo-dogmiaque* :

> Ἰὼ χρόνῳ μακρῷ φιλτάταν
> ὁδὸν ἐπαξιώσας ὧδέ μοι φανῆναι
> μή τί με, πολύπονον ὧδ' ἰδών,

⏑ ⏑́ ⏑ ⏑́ ⏑ ⏑́ ⏑́ ⏑́ ⏑ ⏑́
⏑ ⏑ ⏑ ⏑́ ⏑ ⏑́ ⏑ ⏑́ ⏑ ⏑́ ⏑ ⏑́ —
⏑́ ⏑ ⏑ ⏑ ⏑ ⏑ ⏑́ ⏑ ⏑́ ⏑

Oreste et Electre : série *iambique* (trimètres iambiques catalectiques).

— Τί μή ποίησω ;

        — μή μ' ἀποστερήσης

Τῶν σῶν προσώπων ἡδονὰν μεθέσθαι·

∪ ⏜ ∪ ⏜ —

    ⏜ ∪ ⏜ ∪ ⏜ ⏜

— ⏜ ∪ ⏜ — ⏜ ∪ ⏜ ∪ ⏜ ⏜

Oreste : *trimètre iambique*.

Electre : *bacchiaque* :

    Ξυναινεῖς ;

    ∪ ⏜ ⏜

Oreste : *bacchiaque* :

    Τί μὴν οὔ ;

    ∪ ⏜ ⏜

Electre : série *iambo-dogmiaque* (les troisième et quatrième vers sont des trimètres iambiques catalectiques ; le cinquième est un dimètre trochaïque).

    Ὦ φίλαι, ἔκλυον ἂν ἐγὼ οὐδ' ἂν ἤλπισ' αὐδάν.

    ἔσχον ὀργὰν

    ἄναυδον οὐδὲ σὺν βοᾷ κλύουσα

    τάλαινα. Νῦν δ' ἔχω σε· προὐφάνης δὲ

    φιλτάταν ἔχων πρόσοψιν,

    ἃς ἐγὼ οὐδ' ἂν ἐν κακοῖς λαθοίμαν·

— ∪ ∪ ∪ ∪ ∪ ⏜ ∪ ∪ ⏜ ∪ ∪ ⏜ ⏜

⏜ ∪ ⏜ ⏜

∪ ⏜ ∪ ⏜ ∪ ⏜ ∪ ⏜ ∪ ⏜ ⏜

∪ ⏜ ∪ ⏜ ∪ ⏜ ∪ ⏜ ∪ ⏜ ⏜

⏜ ∪ ⏜ ∪ ⏜ ∪ ∪

— ∪ ∪ ⏜ ∪ ⏜ ∪ ⏜ ∪ ⏜ ⏜

Enfin, dans le dialogue iambique entre Oreste, Electre et le pédagogue, nous devons relever la *stichomythie* du pédagogue et d'Oreste (1340-1343), les ἀντιλαβαί d'Oreste et d'Electre, au vers 1347 ; et, dans les vers 1364-1383, la distribution symétrique du dialogue entre les trois interlocuteurs :

    Pédagogue = 8.

      Oreste   = 4.

     Electre   = 8.

Le στάσιμον γ′ (1384-1397) ne comprend qu'un seul couple antistrophique :

$$\left\{ \begin{array}{l} \text{στρ.} — 1384 — 1390 = 6 \text{ v.} \\ \text{ἀντ.} — 1391 — 1397 = 6 \text{ v.} \end{array} \right\}$$

Il est composé dans le rythme *iambo-dogmiaque*. La strophe comprend un dimètre trochaïque syncopé, un vers dogmiaque, un trimètre iambique, un vers dogmiaque, et, enfin, un dimètre et un trimètre iambiques.

Ἴδεθ᾽ ὅποι προνέμεται
τὸ δυσέριστον αἷμα φυσῶν Ἄρης·
βεβᾶσιν ἄρτι δωμάτων ὑπόστεγοι
μετάδρομοι κακῶν πανουργημάτων ἄφυκτοι κύνες·
ὥστ᾽ οὐ μακρὰν ἔτ᾽ ἀμμενεῖ
τοὐμὸν φρενῶν ὄνειρον αἰωρούμενον.

⏑ ⏑ ⏑ ⏜ ⏑ ⏑ ⏑ ⏑
⏑ ⏑ ⏑ ⏑ ⏑ ⏑ ⏑ ⏜ ⏜ ⏑ ⏑
⏑ ⏑ ⏑ ⏑ ⏑ ⏑ ⏑ ⏑ ⏑ ⏑ ⏑
⏑ ⏑ ⏑ ⏑ ⏑ ⏑ ⏑ ⏜ ⏜ ⏑ ⏑ ⏑ ⏑ ⏜ ⏜ ⏑ ⏑
— ⏑ ⏑ ⏑ ⏑ ⏑
— ⏑ ⏑ ⏑ ⏑ ⏑ — ⏑ ⏑

L'ἔξοδος (1398-1510) est formé de trois parties : 1°) un dialogue, en partie lyrique, en partie iambique, entre Electre, le chœur, Oreste et Clytemnestre (cette dernière est derrière la scène (1398-1440) ; 2°) un dialogue iambique entre Egisthe, Oreste et Electre (1441-1056) ; 3°) un couplet anapestique du chœur (1507-1510).

Le dialogue, en partie lyrique, en partie iambique, entre Electre, le chœur, Oreste et Clytemnestre, comprend deux couples antistrophiques, disposés de la manière suivante :

στρ. α′. 1398 — 1403 = 6 v.
στρ. β′. 1404 — 1421 = 15 v.
ἀντ. α′. 1422 — 1427 = 6 v.
ἀντ. β′. 1428 — 1440 = 15 v.

La première strophe (1398-1403 = 1422-1427) est tout entière
en *trimètres iambiques*, ainsi distribués entre Electre et le chœur :
après deux trimètres iambiques, attribués à Electre, viennent
deux couples de trimètres iambiques, dans chacun desquels
le premier trimètre est partagé entre le chœur et Electre.

La seconde strophe (1404-1411 = 1428-1440) est *iambique*
et la composition en est *épirrhématique*. Elle commence par
deux vers iambiques de Clytemnestre : le premier est une tripodie iambique :

Αἰαῖ. Ἰὼ στέγαι

le second, un trimètre iambique. Electre prononce de même
un iambique trimètre ; puis vient un vers trochaïque syncopé,
de forme crétique, chanté par le chœur :

Ἤκουσ' ἀνήκουστα δύστανος, ὥστε φρῖξαι.

Il est suivi d'un' iambique trimètre de Clytemnestre, auquel
succèdent trois iambiques trimètres, partagés entre Electre et
Clytemnestre. Electre débite le premier hémistiche du premier,
Clytemnestre le second hémistiche du premier et le premier
hémistiche du second ; Electre le second hémistiche du deuxième
et le troisième. Le chœur chante ensuite deux vers *dactylo-
trochaïques*, dont le second est catalectique :

ᾨ πόλις, ὢ γενεὰ τάλαινα, νῦν σε
μοῖρα καθαμερία φθίνει.

Ces dactylo-trochées sont suivis de deux trimètres iambiques
partagés en ἀντιλαϐαί entre Clytemnestre et Electre ; et, enfin,
le chœur chante trois vers, dont le premier est un *trochaïque
syncopé* de forme crétique, le second un trimètre iambique et
le troisième un *dimètre iambique hypermètre*.

Τελοῦσ' ἀραί· ζῶσιν οἱ γᾶς ὑπαὶ κείμενοι·
παλίρρυτον γὰρ αἷμ' ὑπεξαιροῦσι τῶν
κτανόντων οἱ πάλαι θανόντες.

∪ —́ ∪ — —́ — ∪ — —́ — ∪ — —́ —́ ∪ —́
∪ —́ ∪ —́ ∪ —́ ∪ —́ — —́ ∪ —́
∪ —́ — —́ ∪ —́ ∪ — —́ —́.

Dans le dialogue iambique entre Egisthe, Oreste et Electre, nous n'avons à remarquer que la *stichomythie* d'Egisthe et d'Electre (1450-1457), et dans les vers 1472-1481, la disposition suivante du dialogue :

$$\begin{cases} \text{Eg.} = 2. \\ \text{Or.} = 1. \\ \text{Eg.} \quad \text{Or.} = 1 \quad (\text{ἀντιλαβαί}). \\ \text{Eg.} \quad 1 \ + \ \tfrac{1}{2} \\ \text{Or.} \quad \tfrac{1}{2} \ + \ 1 \end{cases} = 3. \\ \begin{cases} \text{Eg.} = 2. \\ \text{Or.} = 1. \end{cases}$$

Enfin les vers 1491-1498 comprennent une *distichomythie* d'Oreste et d'Egisthe.

L'ἐξόδιον du chœur est un *système anapestique hypermètre*, terminé par un parémiaque :

Ὦ σπέρμ' Ἀτρέως, ὡς πολλὰ παθὸν
δι' ἐλευθερίας μόλις ἐξῆλθες
τῇ νῦν ὁρμῇ τελεωθέν.

— —́ ∪ ∪ —́ — —́ ∪ ∪ —́
∪ ∪ —́ ∪ ∪ —́ ∪ ∪ —́ — —́
— —́ — —́ ∪ ∪ —́ —́.

SOPHOCLE

II

Œdipe-Roi

SOPHOCLE

II

Œdipe-Roi

Le πρόλογος (1-150) comprend :

1°) un dialogue, en trimètres iambiques entre Œdipe et le prêtre (1-84), dans lequel nous n'avons à remarquer qu'une courte *distichomythie* (78-83);

2°) un dialogue iambique entre Œdipe et Créon (85-146). Après un vers de transition (84), s'engage une *distichomythie* entre Œdipe et Créon (85-94), puis le dialogue se continue 95-105) de la façon suivante :

Cr.   4.

Œd. 1.

Cr.   2.

Œd. 1.

Cr.   2.

Œd. 1.

il se termine par une nouvelle *distichomythie* (106-131) et un couplet d'Œdipe (132-146);

3°) un quatrain du prêtre (147-150).

La πάροδος (151-215) est formée de trois couples antistrophiques :

$$
\begin{cases}
\text{στρ. } \alpha' - 151 - 159 = 7 \text{ v.} \\
\text{ἀντ. } \alpha' - 160 - 166 = 7 \text{ v.}
\end{cases}
$$

$$
\begin{cases}
\text{στρ. } \beta' - 167 - 177 = 8 \text{ v.} \\
\text{ἀντ. } \beta' - 178 - 189 = 8 \text{ v.}
\end{cases}
$$

$$
\begin{cases}
\text{στρ. } \gamma' - 190 - 203 = 12 \text{ v.} \\
\text{ἀντ. } \gamma' - 204 - 215 = 12 \text{ v.}
\end{cases}
$$

Le premier couple (151-159 = 160-169) est composé dans le rythme *dactylique*. Les trois premiers vers comprennent deux hexapodies dactyliques séparées par un dimètre iambique; puis, après deux tétrapodies dactyliques, dont la première est syncopée et la seconde est l'εἶδος κατὰ δάκτυλον, viennent deux hexapodies dactyliques :

Ὦ Διὸς ἀδυεπὲς φάτι, τίς ποτε τᾶς πολυχρύσου

Πυθῶνος ἀγλαὰς ἔβας

Θήβας ; Ἐκτέταμαι φοβερὰν φρένα, δείματι πάλλων,

ἰήιε Δάλιε Παιάν,

ἀμφὶ σοὶ ἁζόμενος τί μοι ἢ νέον,

ἢ περιτελλομέναις ὥραις πάλιν ἐξανύσεις χρέος.

Εἰπέ μοι, ὦ χρυσέας τέκνον Ἐλπίδος, ἄμβροτε Φάμα.

⏑⏑⏑⏑⏑⏑⏑⏑⏑⏑⏑⏑⏑—

⏑⏑⏑⏑⏑⏑⏑

⏑—⏑⏑⏑⏑⏑⏑⏑⏑⏑⏑⏑—

⏑⏑⏑⏑⏑⏑⏑—

⏑⏑⏑⏑⏑⏑⏑⏑⏑⏑

⏑⏑⏑⏑⏑⏑—⏑⏑⏑⏑⏑⏑⏑

⏑⏑⏑⏑⏑⏑⏑⏑⏑⏑⏑⏑⏑—

Le second couple (167-177 = 178-189) est *dactylo-trochaïque*

Ὦ πόποι, ἀνάριθμα γὰρ φέρω

πήματα· νοσεῖ δέ μοι πρόπας στόλος, οὐδ' ἔνι φροντίδος ἔγχος

ᾧ τις ἀλέξεται. Οὔτε γὰρ ἔκγονα

κλυτᾶς χθονὸς αὔξεται· οὔτε τόκοισιν

ἰηίων καμάτων ἀνέχουσι γυναῖκες·

ἄλλον δ' ἂν ἄλλῳ προσίδοις ἅπερ εὔπτερον ὄρνιν

κρεῖσσον ἀμαιμακέτου πυρὸς ὄρμενον

ἀκτὰν πρὸς ἑσπέρου θεοῦ·

—⏑⏑⏑⏑⏑⏑⏑⏑

—⏑⏑⏑⏑⏑⏑⏑⏑⏑⏑⏑⏑⏑⏑

⏑⏑⏑⏑⏑⏑⏑⏑⏑⏑

—⏑⏑⏑⏑⏑⏑⏑⏑⏑

⏑⏑⏑⏑⏑⏑⏑⏑⏑⏑⏑

— ⏑́ —͡ ⏑́ ⏑ ⏑ ⏑́ ⏑ ⏑ ⏑́ ⏑ ⏑ —͡ ⏑̆
⏑́ ⏑ ⏑ ⏑́ ⏑ ⏑ ⏑́ ⏑ ⏑ ⏑́ ⏑ ⏑
— ⏑́ ⏑ ⏑́ ⏑ —͡ ⏑́

Le troisième couple (190-203 = 204-215) est *iambique* :

> Ἄρεά τε τὸν μαλερὸν, ὅς νῦν ἄχαλκος ἀσπίδων
>
> φλέγει με περιβόατος ἀντιάζων,
>
> παλίσσυτον δράμημα νωτίσαι πάτρας
>
> ἄπουρον, εἴτ' ἐς μέγαν
>
> θάλαμον Ἀμφιτρίτας,
>
> εἴτ' ἐς τὸν ἀπόξενον ὅρμων
>
> Θρήκιον κλύδωνα·
>
> τέλει γὰρ εἴ τι νύξ ἀφῇ,
>
> τοῦτ' ἐπ' ἦμαρ ἔρχεται·
>
> τὸν, ὦ τᾶν πυρφόρων
>
> ἀστραπᾶν κράτη νέμων,
>
> ὦ Ζεῦ πάτερ, ὑπὸ σῷ φθίσον κεραυνῷ.

⏑ ⏑ ⏑ ⏑́ ⏑ ⏑ ⏑ — ⏑́ ⏑ ⏑́ ⏑ ⏑́ ⏑ ⏑́
⏑ ⏑́ ⏑ ⏑ ⏑ ⏑ ⏑́ ⏑ ⏑́ ⏑ —͡ ⏑́
⏑ ⏑́ ⏑ ⏑́ ⏑ ⏑́ ⏑ ⏑́ ⏑ ⏑́ ⏑ ⏑́
⏑ ⏑́ ⏑ —͡ ⏑́ ⏑ ⏑́
⏑̆ ⏑ ⏑ ⏑́ ⏑ —͡ ⏑́
— ⏑́ ⏑ ⏑ ⏑́ ⏑ ⏑ —͡ ⏑́ ⏑̯̆
⏑́ ⏑ ⏑́ ⏑ —͡ ⏑̆
⏑ ⏑́ ⏑ ⏑́ ⏑ ⏑́ ⏑ ⏑́ ⏑̯̆
⏑́ ⏑ ⏑́ ⏑ ⏑́ ⏑ ⏑́
⏑ ⏑́ — ⏑́ ⏑ ⏑́ ⏑̯̆
⏑́ ⏑ ⏑́ ⏑ ⏑́ ⏑ ⏑́
— ⏑́ ⏑ ⏑ ⏑ ⏑ ⏑́ ⏑ ⏑́ ⏑ —͡ ⏑́ ⏑̯̆.

Dans l'ἐπεισόδιον α' (216-462), deux parties sont à distinguer :

1°) un dialogue iambique entre Œdipe et le chœur, représenté par son coryphée (216-315). On y remarque deux *stichomythies* (282-283 ; 290-293).

2°) un dialogue iambique entre Tirésias, Œdipe et le coryphée (316-462). Il présente les dispositions suivantes :

$$\left.\begin{array}{l} 3\text{20-333} \\ 3\text{37-340} \end{array}\right\} = \textit{distichomythie} \text{ de Tirésias et d'Œdipe.}$$

$$\left.\begin{array}{l} 3\text{41-342} \\ 3\text{56-365} \end{array}\right\} = \textit{stichomythie} \text{ de Tirésias et d'Œdipe.}$$

366-371 :

Tir.   2.

Œd.   1.

Tir.   1.

Œd.   2.

3723-79 :

Tir.   2.

Œd.   2.

Tir.   2.

Œd.   1.

Tir.   1.

435-446 = *stichomythie*, précédée et suivie de distiques de Tirésias et d'Œdipe.

Le στάσιμον α' (462-512) est formé de deux couples antistrophiques :

$$\left\{\begin{array}{l} \sigma\tau\rho.\ \alpha' - 463 - 472 = 9\ \text{v.} \\ \dot{\alpha}\nu\tau.\ \alpha' - 473 - 482 = 9\ \text{v.} \end{array}\right\}$$

$$\left\{\begin{array}{l} \sigma\tau\rho.\ \beta' - 483 - 497 = 8\ \text{v.} \\ \dot{\alpha}\nu\tau.\ \beta' - 498 - 512 = 8\ \text{v.} \end{array}\right\}$$

Le premier couple (463-472 = 473-482) est *logaédique*. On a d'abord deux vers logaédiques constitués par la juxta-position d'un glyconique troisième catalectique syncopé et d'un ithyphallique à anacrouse ; puis, deux prosodiaques premiers acatalectiques ; un prosodiaque premier catalectique ; deux dimètres anapestiques, et, enfin, un prosodiaque premier catalectique et un ithyphallique :

Τίς ὄντιν' ἀ θεσπιέπεια Δελφὶς εἶπε πέτρα
ἄρρητ' ἀρρήτων τελέσαντα φοινίαισι χέρσιν ;
Ὥρα νιν ἀελλάδων
ἵππων σθεναρώτερον
φυγᾷ πόδα νωμᾶν·
Ἔνοπλος γὰρ ἐπ' αὐτὸν ἐπενθρῴσκει
πυρὶ καὶ στεροπαῖς ὁ Διὸς γενέτας,
δειναὶ δ' ἅμ' ἕπονται
Κῆρες ἀναπλάκητοι.

⏑ — ⏑ — — ⏑ ⏑ ⏑ — ⏑ — ⏑ — ⏑ — — —
— — — — — ⏑ ⏑ ⏑ — ⏑ — ⏑ — ⏑ — — ⏑
— — ⏑ ⏑ ⏑ — ⏑ —
— — ⏑ ⏑ ⏑ — ⏑ —
⏑ — ⏑ ⏑ ⏑ — —
⏑ ⏑ — ⏑ ⏑ ⏑ — ⏑ ⏑ ⏑ — — —
⏑ ⏑ — ⏑ ⏑ ⏑ — ⏑ ⏑ ⏑ — ⏑ ⏑ ⏑ —
— — ⏑ ⏑ ⏑ — —
— ⏑ ⏑ ⏑ ⏑ ⏑ — — —

Le deuxième couple (483-497 = 498-512) appartient au rythme
ionique mineur, de forme *choriambique*. Nous le scandons
dans le mètre ionique ; mais on pourrait aussi le ramener au
rythme *dactylique*.

Δεινὰ μὲν οὖν, δεινὰ ταράσσει σοφὸς οἰωνοθέτας,
οὔτε δοκοῦντ' οὔτ' ἀποφάσκονθ'· ὅ τι λέξω δ' ἀπορῶ.
πέτομαι δ' ἐλπίσιν οὔτ' ἐνθάδ' ὁρῶν οὔτ' ὀπίσω.
Τί γὰρ ἢ Λαβδακίδαις
ἢ τῷ Πολύβου νεῖκος ἔκειτ' ; Οὔτε πάροιθέν ποτ' ἔγωγ' οὔτε τανῦν πω
ἔμαθον πρὸς ὅτου δὴ βασάνῳ < — ⏑ ⏑ — >
ἐπὶ τὰν ἐπίδαμον φάτιν εἶμ' Οἰδιπόδα Λαβδακίδαις
ἐπίκουρος ἀδήλων θανάτων·

— ⏑ ⏑ — — ⏑ ⏑ — — ⏑ ⏑ — — ⏑ ⏑ —
— ⏑ ⏑ — — ⏑ ⏑ — — ⏑ ⏑ — — ⏑ ⏑ —
⏑ ⏑ — — ⏑ ⏑ — — ⏑ ⏑ — — ⏑ ⏑ —
⏑ ⏑ — — ⏑ ⏑ —

$$\text{—́} \; — \; \smile \; \smile \; \text{—́} \; — \; \smile \; \smile \; \text{—́} \; — \; \smile \; \smile \; \text{—́} \; — \; \smile \; \smile \; \text{—́} \; — \; \smile \; \smile \; \text{—́} \; — \; \overline{\wedge}$$

$$\smile \; \smile \; — \; \smile \; \smile \; \text{—́} \; — \; \smile \; \smile \; \text{—́} \; — \; \smile \; \smile \; \sqcup\text{—́} \; \overline{\wedge}$$

$$\smile \; \smile \; — \; \smile \; \smile \; \text{—́} \; — \; \smile \; \smile \; \text{—́} \; — \; \smile \; \smile \; \text{—́} \; — \; \smile \; \smile \; \sqcup\text{—́} \; \overline{\wedge}$$

$$\smile \; \smile \; — \; \smile \; \smile \; \text{—́} \; — \; \smile \; \smile \; \sqcup\text{—́} \; \overline{\wedge}.$$

Dans l'ἐπεισόδιον β′ (5ɪ3-862), nous devons distinguer :

ɪ°) un dialogue iambique entre Créon et le coryphée (5ɪ3-53ɪ), dans lequel nous n'avons à signaler que deux courtes *distichomythies* (523-526 ; 528-53ɪ) ;

2°) un dialogue iambique entre Œdipe, Créon et le chœur (532-633). Ce dialogue est très animé ; aussi les *distichomythies*, les *stichomythies* et les ἀντιλαβαί y sont très fréquentes :

> 5ʻ3-546 — *distichomythie* de Créon et d'Œdipe ;
>
> 547-548 — *stichomythie* de Créon et d'Œdipe ;
>
> 549-556 — *distichomythie* de Créon et d'Œdipe ;
>
> 557-57ɪ — *stichomythie* de Créon et d'Œdipe ;
>
> 572-575 — *distichomythie* d'Œdipe et de Créon ;
>
> 576-582 — *stichomythie* d'Œdipe et de Créon ;
>
> 622-625 — *stichomythie* de Créon et d'Œdipe ;
>
> 626-629 — ἀντιλαβαί de Créon et d'Œdipe.

3°) un dialogue iambique entre Jocaste, Créon et Œdipe (634-648) ;

4°) un dialogue, en partie lyrique, en partie iambique entre le chœur, Jocaste, Créon et Œdipe (649-696). Le κομμός (650-667=679-696) est formé d'un couple antistrophique, dont les deux éléments sont séparés par neuf trimètres iambiques (668-678). On a ainsi :

> στρ. α′ — 650 — 667 = 14 v.
>
> neuf trimètres iambiques.
>
> ἀντ. α′ — 679 — 696 = 14 v.

Il n'y a pas, dans la strophe et l'antistrophe, de correspondance entre les personnages. On a, en effet, dans la première partie des deux éléments, la distribution suivante :

<table>
<tr><td>στρ.</td><td>ἀντ.</td></tr>
<tr><td>Chœur : 1 v.</td><td>Chœur : 1 v.</td></tr>
<tr><td>Œdipe : 1 v.</td><td>Jocaste : 1 v.</td></tr>
<tr><td>Chœur : 1 v.</td><td>Chœur : 1 v.</td></tr>
</table>

Œdipe. Chœur. *Œdipe* : 1 v.   *Jocaste.* Chœur. *Jocaste.* : 1 v.

Les deux éléments du couple (650-667 = 679-696) sont composées dans le rythme *iambo-dogmiaque*. Nous scandons la strophe :

Chœur :

Πιθοῦ θελήσας φρονήσας τ᾽, ἄναξ, λίσσομαι.

Œdipe :

Τί σοι θέλεις δῆτ᾽ εἰκάθω ;

Chœur :

Τὸν οὔτε πρὶν νήπιον νῦν τ᾽ ἐν ὅρκῳ μέγαν καταίδεσαι.

Œdipe :

Οἶσθ᾽ οὖν ἃ χρῇζεις ;

Chœur :

Οἶδα.

Œdipe :

Φράζε δὴ τί φής.

Chœur :

Τὸν ἐναγῆ φίλον μήποτ᾽ ἐν αἰτίᾳ
σὺν ἀφανεῖ λόγῳ σ᾽ ἄτιμον βαλεῖν.

Œdipe :

Εὖ νυν ἐπίστω, ταῦθ᾽ ὅταν ζητῇς, ἐμοὶ
ζητῶν ὄλεθρον ἢ φυγὴν ἐκ τῆσδε γῆς·

Chœur :

Οὐ τὸν πάντων θεῶν θεὸν πρόμον
Ἅλιον· ἐπεὶ ἄθεος ἄφιλος ὅ τι πύματον
ὀλοίμαν, φρόνησιν εἰ τάνδ' ἔχω.
Ἀλλά μοι δυσμόρῳ γᾶ φθίνουσα τρύχει
ψυχάν, τάδ' εἰ κακοῖς κακὰ
προσάψει τοῖς πάλαι τὰ πρόσφατα.

— ⏑́ — ⏑́ ⏑ ⏑́ ⏑ ⏑́ ⏑ ⏓
— ⏑ ⏑ ⏑ ⏑ ⏑ ⏑ ⏑ ⏑ ⏑ ⏑ ⏑ ⏑ ⏑ ⏑
⏑ ⏑⏑́ ⏑́ ⏑ ⏑́ ⏑ ⏑⏑́ ⏑́ ⏑ ⏑́
⏑́ ⏑ ⏑⏑́ ⏑́ ⏑ ⏑⏑́ ⏑́ ⏑ ⏑́ ⏑ ⏑⏑́ ⏑́
— ⏑́ ⏑ ⏑́ ⏑ ⏑́ ⏑ ⏓
⏑ ⏑́ — ⏑́ ⏑ ⏑́ ⏑ ⏑́ ⏑ ⏓

Les deux derniers des neuf trimètres iambiques (668-678),
qui séparent les éléments antistrophiques sont ainsi partagés
entre Œdipe et Créon :

Œdipe : 1/2,

Créon : 1/2 + 1,

c'est-à-dire que le premier de ces deux vers est divisé en
ἀντιλαβαί.

5°) un dialogue iambique entre Jocaste, Œdipe et le chœur
(697-862). Du vers 726 au vers 749, ce dialogue est distribué
en parties symétriques entre Œdipe et Jocaste :

Œd.   2.

Joc.   1.

Œd.   2.

Joc.   1.

Œd.   1.

Joc.   2.

Œd.   1.

Joc.   2.

Œd.   1.

Joc.   1.

                    Œd.   2.
                    Joc.   2.

                    Œd.   2.
                        Joc. 1.
                    Œd.   2.
                        Joc. 1.

On a, de même, de 836 à 841 :

                    Œd.   2.
                        Joc. 1.
                    Œd.   2.
                        Joc. 1.

Le στάσιμον β' (863-910) est formé de deux couples antistrophiques :

$$\left\{ \begin{array}{l} \text{στρ. α'} - 863 - 872 = 9 \text{ v.} \\ \text{ἀντ. α'} - 873 - 882 = 9 \text{ v.} \end{array} \right\}$$

$$\left\{ \begin{array}{l} \text{στρ. β'} - 884 - 896 = 12 \text{ v.} \\ \text{ἀντ. β'} - 897 - 910 = 12 \text{ v.} \end{array} \right\}$$

Le premier couple (863-872 = 873-882) est *iambo-logaédique*. Après trois vers iambiques et un prosodiaque second
acatalectique, on a un système glyconique de cinq vers :

EY μοι ξυνείη φέροντι
μοῖρα τὰν εὔσεπτον ἁγνείαν λόγων
ἔργων τε πάντων, ὧν νόμοι πρόκεινται
ὑψίποδες, οὐρανίαν
δι' αἰθέρα τεκνωθέντες, ὧν Ὄλυμπος
πατὴρ μόνος, οὐδέ νιν
θνατὰ φύσις ἀνέρων
ἔτικτεν, οὐδὲ μήν ποτε λάθα κατακοιμάσει.
μέγας ἐν τούτοις θεός, οὐδὲ γηράσκει.

— ∪́ ∪ ‒ ∪́ ∪́ ∪ ∪́ ∪
∪́ ∪ ∪́ ‒ ∪́ ∪ ∪́ ‒ ∪́ ∪ ∪́
— ∪́ ∪ ∪́ ‒ ∪́ ∪ ∪́ ∪ ‒ ∪́ ∪́
— ∪ ∪ ∪ ∪́ ∪ ∪ ∪́
∪ ∪́ ∪ ∪ ∪́ ‒ ∪́ ∪ ∪́ ∪ ‒ ∪́ ∪́
∪ ∪́ ∪ ∪ ∪́ ∪ ∪́
— ∪́ ∪ ∪ ∪́ ∪ ∪́
∪ ∪́ ∪ ∪́ ∪ ∪́ ∪ ∪ ‒ ∪́ ∪ ∪ ∪́ ‒ ∪́
∪ ∪ ∪́ ‒ ∪́ ∪ ∪ ∪ ∪́ ∪ ∪́ ‒ ∪́

Le second couple (884-896 = 897-910) est également *iambo-
logaédique*. Après une série logaédique de deux vers, viennent
neuf vers iambiques, puis la strophe se termine par une
clausule logaédique.

> Εἰ δέ τις ὑπέροπτα χερσὶν ἢ λόγῳ πορεύεται,
> Δίκας ἀφόβητος, οὐδὲ
> δαιμόνων ἕδη σέβων,
> κακά νιν ἕλοιτο μοῖρα,
> δυσπότμου χάριν χλιδᾶς,
> εἰ μὴ τὸ κέρδος κερδανεῖ δικαίως
> καὶ τῶν ἀσέπτων ἔρξεται,
> ἢ τῶν ἀθίκτων ἕξεται ματάζων.
> Τίς ἔτι ποτ' ἐν τοῖσδ' ἀνὴρ θυμοῦ βέλη
> εὔξεται ψυχᾶς ἀμύνειν;
> Εἰ γὰρ αἱ τοιαίδε πράξεις τίμιαι,
> τί δεῖ με χορεύειν;

∪́ ∪ ∪ ∪ ∪́ ∪́ ∪ ∪́ ∪ ∪́ ∪ ∪́ ∪ ∪́ ∪ ∪́
∪ ∪́ ∪ ∪ ∪́ ∪ ∪́ ∪
∪́ ∪ ∪́ ∪ ∪́ ∪ ∪́
∪ ∪́ ∪ ∪ ∪́ ∪ ∪́ ∪
∪́ ∪ ∪́ ∪ ∪́ ∪ ∪́
— ∪́ ∪ ∪́ ‒ ∪́ ∪ ∪́ ∪ ‒ ∪́ ∪́
— ∪́ ∪ ∪́ ‒ ∪́ ∪ ∪́
— ∪́ ∪ ∪́ ‒ ∪́ ∪ ∪́ ∪ ‒ ∪́ ∪́
∪ ∪ ∪ ∪ ‒ ∪́ ∪ ∪́ ‒ ∪́ ∪ ∪́
∪́ ∪ ∪́ ‒ ∪́ ∪ ∪́ —
∪́ ∪ ∪́ ‒ ∪́ ∪ ∪́ ‒ ∪́ ∪ ∪́
∪ ∪́ ∪ ∪ ‒ ∪́ ∪.

L'ἐπεισόδιον γ′ (911-1185) (1) comprend :

1°) un couplet iambique de Jocaste (911-923) ;

2°) un dialogue iambique entre le messager, le chœur, Jocaste, puis Œdipe (924-1072). De 924 à 943, le dialogue est distribué symétriquement entre les interlocuteurs :

<table>
<tr><td>Mess.</td><td>3.</td></tr>
<tr><td>Ch.</td><td>2.</td></tr>
<tr><td>Mess.</td><td>2.</td></tr>
<tr><td>Joc.</td><td>3.</td></tr>
<tr><td>Mess.</td><td>1.</td></tr>
<tr><td>Joc.</td><td>1.</td></tr>
<tr><td>Mess.</td><td>2.</td></tr>
<tr><td>Joc.</td><td>1.</td></tr>
<tr><td>Mess.</td><td>2,</td></tr>
<tr><td>Joc.</td><td>1.</td></tr>
<tr><td>Mess.</td><td>1.</td></tr>
<tr><td>Joc.</td><td>1.</td></tr>
</table>

De 950 à 959, on a :

<table>
<tr><td>Œd.</td><td>2.</td></tr>
<tr><td>Joc.</td><td>2.</td></tr>
<tr><td>Œd.</td><td>1.</td></tr>
<tr><td>Joc.</td><td>2.</td></tr>
<tr><td>Œd.</td><td>1.</td></tr>
<tr><td>Mes.</td><td>2.</td></tr>
</table>

(1) Tournier dans son Analyse métrique (op. cit.) distingue un ἐπεισόδιον γ′ (911-1085), un στάσιμον γ′ (1086-1109) et un ἐπεισόδιον δ′ (1110-1185). Il nous paraît préférable de considérer tout cet ensemble comme un ἐπεισόδιον unique, dans lequel s'intercale un chœur épisodique. Ainsi le nombre normal des parties de la tragédie ne sera pas augmenté. Nous remarquerons, d'ailleurs, pour confirmer notre hypothèse que presque tous les στάσιμα de Sophocle sont formés de *deux couples antistrophiques* et composés dans le rythme *logaédique*.

Nous avons ensuite une *stichomythie* d'Œdipe et du messager (960-963) ; de Jocaste et d'Œdipe (973-976); d'Œdipe et du messager (988-993). Après six vers (1001-1006), ainsi distribués,

Œd.   1.

Mes. 2.

Œd.   1.

Mes. 2.

le dialogue se continue en une longue *stichomythie*, entre Œdipe et le messager (1006-1046). Enfin, dans la dernière partie du dialogue, engagée entre Œdipe et Jocaste, nous devons relever deux *distichomythies* (1054-1061 ; 1069-1072) et une *stichomythie* (1065-1068).

3°) un dialogue ïambique entre le chœur et Œdipe (1073-1085);

4°) un chœur épisodique (1086-1109), comprenant une strophe et une antistrophe :

$$\begin{cases} \text{στρ.} - 1086 - 1097 = 7 \text{ v.} \\ \text{ἀντ.} - 1098 - 1109 = 7 \text{ v.} \end{cases}$$

Le rythme est le *dactylo-épitritique* ; mais il est facile de le réduire à un rythme plus simple, le *dactylo-trochaïque* syncopé.

> Εἴπερ ἐγὼ μάντις εἰμὶ καὶ κατὰ γνώμαν ἴδρις,
> οὐ τὸν Ὄλυμπον ἄπειρος, ὦ Κιθαιρὼν,
> οὐκ ἔσῃ τὰν αὔρι
> πανσέληνον, μὴ οὐ σέ καὶ πατριώταν Οἰδίπου
> καὶ τροφὸν καὶ ματέρ' αὔξειν,
> καὶ χορεύεσθαι πρὸς ἡμῶν, ὡς ἐπίηρα φέροντα τοῖς ἐμοῖς τυράννοις.
> Ἰήϊε Φοῖβε, σοὶ δὲ ταῦτ' ἀρέστ' εἴη.

```
–́ ∪ ∪ ∪ ⌐ –́ ∪ –́ ∪ –́ ∪ –́ ∪ –́ — –́ ∪ ⏒
–́ ∪ ∪ –́ ∪ ∪ –́ ∪ –́ ∪ –́ —
–́ ∪ –́ — –́ ∪
–́ ∪ –́ — –́ ∪ ∪ –́ ∪ ∪ –́ — –́ ∪ –́ ⏒
–́ ∪ –́ — –́ ∪ –́ —
–́ ∪ –́ — –́ ∪ –́ — –́ ∪ ∪ –́ ∪ ∪ –́ ∪ –́ ∪ –́ ∪ –́ ∪ –́ —
∪ –́ ∪ ∪ –́ ∪ –́ ∪ –́ ∪ –́ — –́ ,
```

5°) un dialogue iambique entre Œdipe, le chœur et le messager (1110-1120). Le vers 1120 est partagé en ἀντιλαβαί entre Œdipe et le messager.

6°) un dialogue iambique entre Œdipe, le serviteur et le messager (1121-1146). Après un distique d'Œdipe s'engage une stichomythie entre le serviteur et lui (1123-1131).

7°) un dialogue iambique entre Œdipe et le serviteur (1147-1185). La première partie de ce dialogue (1147-1172) est formée d'une stichomythie, précédée d'un distique d'Œdipe, et suivie d'un distique du serviteur. Les vers 1173-1176 sont divisés en ἀντιλαβαί. Enfin, le dialogue se termine, après un monostique d'Œdipe, par deux quatrains, l'un du serviteur, l'autre d'Œdipe.

Le στάσιμον γ´ (1186-1222) comprend deux couples antistrophiques :

$$\left\{ \begin{array}{l} \text{στρ. α}' - 1186 - 1195 = 9 \text{ v.} \\ \text{ἀντ. α}' - 1196 - 1203 = 9 \text{ v.} \end{array} \right\}$$

$$\left\{ \begin{array}{l} \text{στρ. β}' - 1204 - 1212 = 10 \text{ v.} \\ \text{ἀντ. β}' - 1213 - 1222 = 10 \text{ v.} \end{array} \right\}$$

Le premier couple (1186-1195 = 1196-1203) est logaédique. Il forme, en effet, un système glyconique, dont la clausule est un adonique à anacrouse. L'élément fondamental est le glyconique second catalectique. Le premier et le troisième vers sont des prosodiaques premiers acatalectiques. Le sixième est un phérécratéen second acatalectique :

Ἰὼ γενεαὶ βροτῶν,

ὡς ὑμᾶς ἴσα καὶ τὸ μηδὲν ζώσας ἐναριθμῶ.

Τίς γὰρ, τίς ἀνὴρ πλέον

τᾶς εὐδαιμονίας φέρει,

ἢ τοσοῦτον ὅσον δοκεῖν

καὶ δόξαντ' ἀποκλῖναι ;

Τὸν σόν τοι παράδειγμ' ἔχων,

τὸν σὸν δαίμονα, τὸν σὸν, ὦ τλᾶμον Οἰδιπόδα, βροτῶν

οὐδὲν μακαρίζω·

⏑ — ⏑ ⏑ — ⏑ —
— — — ⏑ ⏑ — ⏑ — — — — ⏑ ⏑ — — ⏑
— — ⏑ ⏑ — ⏑ —
— — — ⏑ ⏑ — ⏑ — ⏑
— ⏑ — ⏑ ⏑ — ⏑ — ⏑
— — — ⏑ ⏑ — —
— — — ⏑ ⏑ — ⏑ — ⏑
— — — ⏑ ⏑ — ⏑ — — ⏑ — ⏑ ⏑ ⏑ — ⏑ — ⏑
— — ⏑ ⏑ — — .

Le second couple (1204-1212 = 1213-1221) est composé dans le rythme *iambo-logaédique*. Le glyconique premier catalectique se trouve comme élément fondamental aux deuxième et neuvième vers.

Τανῦν δ' ἀκούειν τίς ἀθλιώτερος ;
τίς ἄταις ἀγρίαις, τίς ἐν πόνοις
ξύνοικος ἀλλαγᾷ βίου ;
Ἰὼ κλεινὸν Οἰδίπου κάρα,
ᾧ μέγας λιμὴν
αὑτὸς ἤρκεσεν
παιδὶ καὶ πατρὶ
θαλαμηπόλῳ πεσεῖν,
πῶς ποτε πῶς ποθ' αἱ πατρῷαί σ' ἄλοκες φέρειν, τάλας,
σῖγ, ἐδυνάθησαν ἐς τοσόνδε ;

⏑ — ⏑ — — ⏑ — ⏑ — ⏑ —
⏑ — — ⏑ ⏑ — ⏑ — ⏑ —
⏑ — ⏑ — ⏑ — ⏑ —
⏑ — — ⏑ — ⏑ — ⏑ ⏑
— ⏑ — ⏑ —
— ⏑ — ⏑ —
— ⏑ — ⏑ ⏑
⏑ ⏑ — ⏑ — ⏑ —
— ⏑ ⏑ — ⏑ — ⏑ — — — ⏑ ⏑ — ⏑ — ⏑ — ⏑
— ⏑ ⏑ — — ⏑ — ⏑ ⏑ .

L'ἔξοδος (1223-1530) comprend sept parties :

1°) un dialogue iambique entre le second messager et le chœur (1223-1296) ;

2°) un dialogue *anapestique* entre le chœur et Œdipe (1297-1311). Le premier couplet, attribué au chœur, est formé de tétramètres anapestiques, à l'exception des sixième et dixième vers, qui sont des parémiaques. Le second couplet, attribué à Œdipe, est formé de deux tétramètres anapestiques, suivis d'un parémiaque (1).

3°) Après un trimètre iambique du coryphée, s'engage un dialogue, en partie lyrique, en partie iambique, entre le chœur et Œdipe (1312-1368). Ce κομμὸς est formé de deux couples antistrophiques :

$$
\left\{
\begin{array}{l}
\text{στρ. } \alpha' \left\{
\begin{array}{l}
\text{Œd.} - 1313 - 1318 = 6 \text{ v.} \\
\text{Ch.} - 1319 - 1320 = 2 \text{ v.}
\end{array}
\right\} 1313 - 1320 = 8 \text{ v.} \\[2ex]
\text{ἀντ. } \alpha' \left\{
\begin{array}{l}
\text{Œd.} - 1321 - 1326 = 6 \text{ v.} \\
\text{Ch.} - 1327 - 1328 = 2 \text{ v.}
\end{array}
\right\} 1321 - 1328 = 8 \text{ v.} \\[2ex]
\text{στρ. } \beta' \left\{
\begin{array}{l}
\text{Œd.} - 1329 - 1335 = 5 \text{ v.} \\
\text{Ch.} - 1336 = 1 \text{ v.} \\
\text{Œd.} - 1337 - 1346 = 7 \text{ v.} \\
\text{Ch.} - 1347 - 1348 = 2 \text{ v.}
\end{array}
\right\} 1329 - 1368 = 15 \text{ v.} \\[2ex]
\text{ἀντ. } \beta' \left\{
\begin{array}{l}
\text{Œd.} - 1349 - 1355 = 5 \text{ v.} \\
\text{Ch.} - 1356 = 1 \text{ v.} \\
\text{Œd.} - 1357 - 1366 = 7 \text{ v.} \\
\text{Ch.} - 1367 - 1368 = 2 \text{ v.}
\end{array}
\right\} 1349 - 1368 = 15 \text{ v.}
\end{array}
\right.
$$

Dans le premier couple (1313-1320 = 1321-1328) les six vers d'Œdipe sont des *iambo-dogmiaques* :

Ἰὼ σκότου

νέφος ἐμὸν ἀπότροπον, ἐπιπλόμενον ἄφατον,

ἀδάματόν τε καὶ δυσούριστον ὄν.

Οἴμοι,

οἴμοι μάλ' αὖθις· οἶον εἰσέδυ μ' ἄμα

κέντρων τε τῶνδ' οἴστρημα καὶ μνήμη κακῶν.

(1) Nous adoptons le texte proposé par Tournier dans sa note critique. Il rejette les mots διαπέταται φοράδην, comme une glose de πᾷ μοι φθογγὰ (φέρεται), et le mot ἰώ, comme une interpolation.

⏑ — ⏑ —
⏑ ⏑ ⏑ ⏑ ⏑ ⏑ ⏑ ⏑ ⏑ ⏑ ⏑ ⏑ ⏑ ⏑ ⏑
⏑ ⏑ ⏑ — ⏑ — ⏑ — — — ⏑ —
— —
— — ⏑ — ⏑ — ⏑ — ⏑ — ⏑ —
— — ⏑ — — — ⏑ — — — ⏑ —

Les deux vers du chœur sont des trimètres iambiques.

Dans le second couple (1329-1348 = 1349-1368), on a

Œdipe : cinq vers *iambo-dogmiaques* :

> Ἀπόλλων τάδ' ἦν, Ἀπόλλων, φίλοι,
> ὁ κακὰ κακὰ τελῶν ἐμὰ τάδ' ἐμὰ πάθεα.
> Ἔπαισε δ' αὐτόχειρ νιν οὔτις, ἀλλ' ἐγὼ [τλάμων]. (1)
> Τί γὰρ ἔδει μ' ὁρᾶν,
> ὅτῳ γ' ὁρῶντι μηδὲν ἦν ἰδεῖν γλυκύ;

⏑ — — — ⏑ — ⏑ — — — ⏑ —
⏑ ⏑ ⏑ ⏑ ⏑ ⏑ — — ⏑ ⏑ ⏑ ⏑ ⏑ ⏑ ⏑
⏑ — ⏑ — ⏑ — ⏑ — ⏑ — ⏑ — [— —]
⏑ ⏑ ⏑ — ⏑ —
⏑ — ⏑ — ⏑ — ⏑ — ⏑ — ⏑ —

Chœur : un *dimètre iambique* :

> Ἦν ταῦθ' ὅπωσπερ καὶ σὺ φής.

— — ⏑ — — — ⏑ —

Œdipe : sept vers *iambo-dogmiaques* :

> Τί δῆτ' ἐμοὶ βλεπτὸν, ἢ
> στερκτὸν, ἢ προσήγορον
> ἔτ' ἔστ' ἀκούειν ἡδονᾷ, φίλοι;
> Ἀπάγετ' ἐκτόπιον ὅτι τάχιστά με,
> ἀπάγετ', ὦ φίλοι, τὸν ὄλεθρον μέγαν,
> τὸν καταρατότατον, ἔτι δὲ καὶ θεοῖς
> ἐχθρότατον βροτῶν.

(1) Nauck et Wecklein considèrent comme interpolés les mots τλάμων = πράσσων.

∪ ⏑ ∪ ⏑⏑ — ⏑ ∪ ⏑
⏑ ∪ ⏑ ∪ ⏑ ∪ ⏑
∪ ⏑ ∪ ⏑ — ⏑ ∪ ⏑ ∪ ⏑
∪ ⏑ ∪ ⏑ ∪ ∪ ∪ ∪ ∪ ⏑ ∪ ⏑
∪ ⏑ ∪ ⏑ ∪ ⏑ ∪ ∪ ∪ ⏑ ∪ ⏑
⏑ ∪ ⏑⏑ ⏑ ∪ ∪ ∪ ∪ ∪ ⏑ ∪ ⏑
— ∪ ∪ ⏑ ∪ ⏑

Chœur : deux trimètres iambiques.

4°) un dialogue iambique entre Œdipe et le chœur (1369-1421). La fin de ce dialogue est formée de deux tristiques du chœur et d'Œdipe.

5°) un dialogue iambique entre Créon et Œdipe (1422-1514). Les vers 1436-1443 sont distribués en *distichomythie*. A la fin du couplet d'Œdipe (1446-1475) les trois vers 1468, 1471, 1475, ont la forme :

∪ ⏑ ∪

6°) un dialogue en *tétramètres trochaïques* entre Créon et Œdipe (1515-1523). Les vers 1516-1522 sont divisés en ἀντιλαϐαί.

7°) un ἐξόδιον du chœur, en *tétramètres trochaïques* (1524-1530).

———

EURIPIDE

I

Les Bacchantes

EURIPIDE

I

Les Bacchantes

Le πρόλογος (1) (1-63) a la forme d'un monologue, en trimètres iambiques, attribué à Dionysos. Euripide y expose l'action de sa tragédie et les circonstances dans lesquelles elle s'est engagée.

Le πάροδος (64-169) se compose de trois couples antistrophiques et d'une épode :

$$
\begin{cases}
\text{στρ. α'} - 64 - 67 = 4\ \text{v.} \\
\text{ἀντ. α'} - 68 - 71 = 4\ \text{v.}
\end{cases}
$$

$$
\begin{cases}
\text{στρ. β'} - 72 - 87 = 16\ \text{v.} \\
\text{ἀντ. β'} - 88 - 104 = 16\ \text{v.}
\end{cases}
$$

$$
\begin{cases}
\text{στρ. γ'} - 105 - 119 = 15\ \text{v.} \\
\text{ἀντ. γ'} - 120 - 134 = 15\ \text{v.}
\end{cases}
$$

$$\text{ἐπῳδ.} - 135 - 169 = 29\ \text{v.}$$

Le premier couple (64-67 = 68-71) est chanté dans le rythme *ionique mineur*, réductible, par le moyen des χρόνοι τετράσημοι, au rythme *dactylique* :

Ἀσίας ἀπὸ γαίας

ἱερὸν Τμῶλον ἀμείψασα θοάζω

Βρομίῳ ⟨θεῷ⟩ (2) πόνον ἡδὺν κάματόν τ' εὐ-

κάματον, Βάκχιον εὐαζομένα.

(1) Nous suivons le texte de l'ed. WECKLEIN : *Ausgewählte Tragödie des Euripides*. Leipz. Teubner. 1879.

(2) Nauck : θεῷ avec synizèse.

⏑ ⏑ ⏓ ⏑ ⏑ ⏑ –̱ –
⏑ ⏑ –̱ – ⏑ ⏑ –̱ – ⏑ ⏑ –̱ –
⏑ ⏑ –̱ ‹ – › ⏑ ⏑ –̱ – ⏑ ⏑ –̱ –
⏑ ⏑ –̱ – ⏑ ⏑ –̱ – ⏑ ⏑ ⏓.

Le rythme du second couple (72-87=88 1·04) est également
l'*ionique mineur*, ou plutôt le *ditrochaïque*, qui remplace fréquemment l'ionique. L'ionique n'est, en effet, qu'une mesure à
trois temps redoublée.

> Ὦ μάκαρ, ὅστις εὐδαίμων
> τελετὰς θεῶν εἰδὼς
> βιοτὰν ἁγιστεύει
> καὶ θιασεύεται ψυχὰν
> ἐν ὄρεσσι βακχεύων
> ὁσίοις καθαρμοῖσιν,
> τά τε ματρὸς μεγάλας ὄρ-
> για Κυβέλας θεμιτεύων
> ἀνὰ θύρσον τε τινάσσων
> κισσῷ τε στεφανωθεὶς
> Διόνυσον θεραπεύει.
> Ἴτε βάκχαι, ἴτε Βάκχαι,
> Βρόμιον παῖδα θεὸν θεοῦ
> Διόνυσον κατάγουσαι
> Φρυγίων ἐξ ὀρέων Ἑλλάδος εἰς
> εὐρυχόρους ἀγυιάς, τὸν Βρόμιον.

– ⏑ ⏑ –̱ ⏑ – – –̸
⏑ ⏑ –̱ ⏑ – – –̱
⏑ ⏑ –̱ ⏑ – – –̱
– ⏑ ⏑ –̱ ⏑ – – –̸
⏑ ⏑ –̱ ⏑ – – –̱
⏑ ⏑ –̱ ⏑ – – –̱
⏑ ⏑ –̱ – ⏑ ⏑ –̱ –
⏑ ⏑ ⏑ ⏑ – ⏑ ⏑ –̱ –
⏑ ⏑ –̱ – ⏑ ⏑ –̱ –
–̱ –̱ – ⏑ ⏑ –̱ –
⏑ ⏑ –̱ – ⏑ ⏑ –̱ –
⏑ ⏑ –̱ – ⏑ ⏑ –̱ –
⏑ ⏑ –̱ – ⏑ ⏑ –̱

⏑ ⏑ ⏑́ — ⏑ ⏑ ⏑́ —
⏑ ⏑ ⏑́ — ⏑ ⏑ ⏑́ — ⏑ ⏑ ⏑ ⌐
— ⏑ ⏑ ⏑́ ⏑ — — ⏑́ ⏑ ⏑ — ⏑̅͞
⁀Λ

Le troisième couple (105-119 = 120-134) est *logaédique*.
Les cinq premiers vers sont des phérécratéens premiers acatalectiques. Les deux vers suivants, ainsi que les deux derniers
de la strophe, forment un système glyconique.

> Ὦ Σεμέλας τροφοὶ Θή-
> βαι στεφανοῦσθε κισσῷ·
> βρύετε, βρύετε χλοήρει
> μίλακι καλλικάρπῳ
> καὶ καταβακχιοῦσθε
> δρυὸς ἢ ἐν ἐλάτας κλάδοισι,
> στικτῶν τ' ἐνδυτὰ νεβρίδων
> στέφετε λευκοτρίχων πλοκάμων
> μαλλοῖς· ἀμφὶ δὲ νάρθηκας ὑβριστὰς
> ὁσιοῦσθ'· αὐτίκα γᾶ πᾶσα χορεύσει.
> Βρόμιος εὖτ' ἂν ἄγῃ θιάσους
> εἰς ὄρος, εἰς ὄρος, ἔνθα μένει
> θηλυγενὴς ὄχλος
> ἀφ' ἱστῶν παρὰ κερκίδων τ'
> οἰστρηθεὶς Διονύσῳ.

⏑́ ⏑ ⏑ ⏑́ ⏑ ⏑́ —
⏑́ ⏑ ⏑ ⏑́ ⏑ ⏑́ —
⏑ ⏑ ⏑ ⏑ ⏑ ⏑ ⏑ ⏑́ —
⏑́ ⏑ ⏑ ⏑́ ⏑ ⏑́ —
⏑́ ⏑ ⏑ ⏑́ ⏑ ⏑́ ⏑
⏑ ⏑ ⏑́ ⏑ ⏑ ⏑́ ⏑ — ⏑̆
⏑́ — ⏑́ ⏑ ⏑ ⏑́ ⏑ ⏑́ ͞⁀Λ
⏑ ⏑ ⏑ ⏑́ ⏑ ⏑ ⏑́ ⏑ ⏑ ⏑́ ͞⁀Λ
⏑́ — ⏑́ ⏑ ⏑ — ⏑́ ⏑ ⏑ ⏑́ ⏑́
⏑ ⏑ — ⏑́ ⏑ ⏑ ⏑ — ⏑́ ⏑ ⏑ ⏑́ —
⏑́ ⏑ ⏑ ⏑́ ⏑ ⏑ ⏑́ ⏑ ⏑ ⏑́ ͞
⏑́ ⏑ ⏑ ⏑́ ⏑ ⏑ ⏑́ ⏑ ⏑ ⏑́ ͞⁀Λ
⏑́ ⏑ ⏑ ⏑́ ⏑ ⏑
⏑ — ⏑́ ⏑ ⏑ ⏑́ ⏑ ⏑́
⏑́ — ⏑́ ⏑ ⏑ — ⏑́ ⏑́ ⏓⁀Λ

L'épode (135-169) est composé dans le rythme *logaédique*,
de forme *péonique*. Aux vers logaédiques se mêlent des κῶλα
dactyliques, et, entr'autres, plusieurs εἴδη κ. δ. Le second vers
est un phérécratéen premier acatalectique; les onzième, douzième
et dix-septième vers sont des phérécratéens seconds acatalectiques; le dix-huitième est un phérécratéen premier catalectique.
Les dix-neuvième et vingt-unième vers sont des glyconiques
seconds catalectiques. Enfin, le vingt-quatrième est un prosodiaque second :

'Ηδὺς ἐν οὔρεσιν, εὖτ' ἂν

ἐκ θιάσων δρομαίων

πέσῃ, πεδόσε, νεβρίδος ἔχων

ἱερὸν ἐνδυτόν, ἀγρεύων

αἷμα τραγοκτόνον, ὠμοφάγον χάριν,

ἱέμενος εἰς ὄρεα Φρύγια, Λύδια.

Ὁ δ' ἔξαρχος, « Βρόμιος εὐοῖ ».

'Ρεῖ δὲ γάλακτι πέδον, ῥεῖ δ' οἴνῳ, ῥεῖ δὲ μελισσᾶν

νέκταρι, Συρίας δὲ θρώσκει λιβάνου καπνός.

Ὁ Βακχεὺς δ' ἔχων

πυρσώδη φλόγα πεύκας

ἐκ νάρθηκος ἀΐσσει

δρόμῳ καὶ χοροῖς ἐρεθίζων πλανάτας

ἰαχαῖς τ' ἀναπάλλων,

τρυφερὸν πλόκον εἰς αἰθέρα ῥίπτων.

"Αμα δ' ἐπ' εὐάσμασιν ἐπιβρέμει

τοιάδ'· ὦ ἴτε Βάκχαι,

ὦ ἴτε Βάκχαι, Πακ-

τώλου χρυσορόου χλιδᾷ

μέλπετε τὸν Διόνυσον

Βαρυβρόμων ὑπὸ τυμπάνων,

εὔια τὸν εὔιον ἀγαλλόμεναι θεὸν

ἐν Φρυγίαισι βοαῖς ἐνοπαῖσί τε,

λωτὸς ὅταν εὐκέλαδος

ἱερὸς ἱερὰ παίγματα
βρέμη, σύνοχα φοίτασιν
εἰς ὅρος εἰς ὅρος· ἡδομένα δ' ἄρα,
πῶλος ὅπως ἅμα ματέρι φορβάδι,
κῶλον ἄγει ταχύπουν σκιρτήμασι Βάκχα

— ⏑ ⏑ — ⏑ ⏑ — ⏑
— ⏑ ⏑ — ⏑ — —
⏑ — ⏑ ⏑ ⏑ ⏑ ⏑ ⏑ —
⏑ ⏑ ⏑ — ⏑ ⏑ — — — ⏑̆
— ⏑ ⏑ — ⏑ ⏑ — ⏑ ⏑ — ⏑ ⏑
— ⏑ ⏑ ⏑ — ⏑ ⏑ ⏑ ⏑ ⏑ ⏑ — ⏑ ⏑
⏑ — — — ⏑ ⏑ ⏑ — —
— ⏑ ⏑ — ⏑ ⏑ — — — — — ⏑ ⏑ — —
— ⏑ ⏑ ⏑ ⏑ — ⏑ — — — ⏑ ⏑ — ⏑ ⏑
⏑ — — — ⏑ —
— — — ⏑ ⏑ — —
— — — ⏑ ⏑ — —
⏑ — — — ⏑ — ⏑ ⏑ — — — ⏑ ⏑ — —
⏑ — — — ⏑ ⏑ ⏑ — —
⏑ ⏑ — ⏑ ⏑ — — — ⏑ ⏑ — —
⏑ ⏑ ⏑ — — — ⏑ ⏑ ⏑ ⏑ ⏑ — ⏑̆
— ⏑ — ⏑ ⏑ — —
— ⏑ ⏑ — — — ⏑̆
— — — ⏑ ⏑ — ⏑ — ⏑ ⏑̆
— ⏑ ⏑ — ⏑ ⏑ — —
⏑ ⏑ ⏑ — ⏑ ⏑ — ⏑ — ⏑̆
— ⏑ ⏑ ⏑ — ⏑ ⏑ ⏑ — ⏑ ⏑ — ⏑ ⏑
— ⏑ ⏑ — ⏑ ⏑ — ⏑ ⏑ — ⏑ ⏑
— ⏑ ⏑ ⏑ — ⏑ ⏑ —
⏑ ⏑ ⏑ ⏑ ⏑ ⏑ — ⏑ ⏑
⏑ — — ⏑ ⏑ ⏑ — ⏑ ⏑
— ⏑ ⏑ — ⏑ ⏑ — ⏑ ⏑ — ⏑ ⏑
— ⏑ ⏑ — ⏑ ⏑ — ⏑ ⏑ — ⏑ ⏑
— ⏑ ⏑ — ⏑ ⏑ — — — ⏑ ⏑ — —

Dans l'ἐπεισόδιον α' (1705+18), il faut distinguer :

1°) un dialogue iambique, entre Tirésias et Kadmos (170-214). Les vers 191-200 forment une *stichomythie*.

2°) un dialogue iambique entre Pentheus, le chœur, Tirésias et Kadmos (215-369).

3°) un chœur épisodique (370-433), qui comprend deux couples antistrophiques :

$$\begin{cases} \sigma\tau\rho.\ \alpha'. - 370 - 385 = 16\ v. \\ \mathring{\alpha}\nu\tau.\ \alpha'. - 386 - 401 = 16\ v. \end{cases}$$

$$\begin{cases} \sigma\tau\rho.\ \beta'. - 402 - 415 = 14\ v. \\ \mathring{\alpha}\nu\tau.\ \beta'. - 416 - 433 = 14\ v. \end{cases}$$

Le premier couple (370-385 = 386-401) est composé dans le rythme *ionique mineur*, réductible au rythme *dactylique*. Le dernier vers est *ditrochaïque*.

Ὁσία πότνα θεῶν,
ὁσία δ' ἁ κατὰ γᾶν
χρυσέαν πτέρυγα φέρεις,
τάδε Πενθέως ἀίεις ;
ἀίεις οὐχ ὁσίαν
ὕβριν εἰς τὸν Βρόμιον,
τὸν Σεμέλας τὸν παρὰ καλλιστεφάνοις
εὐφροσύναις δαίμονα πρῶ-
τον μακάρων ; ὃς τάδ' ἔχει,
θιασεύειν τε χοροῖς
μετά τ' αὐλοῦ γελάσαι
ἀποπαῦσαί τε μερίμνας,
ὁπόταν βότρυος ἔλθῃ
γάνος ἐν δαιτὶ θεῶν
κισσοφόροις δ' ἐν θαλίαις
ἀνδράσι κρατὴρ ὕπνον ἀμφιβάλλῃ.

    ᴗ ᴗ ´ – ᴗ ᴗ ´◡
    ᴗ ᴗ ´ – ᴗ ᴗ ´◡
    ᴗ ᴗ ´ ᴗ ᴗ ᴗ ᴗ ´◡
    ᴗ ᴗ ´ – ᴗ ᴗ ´◡
    ᴗ ᴗ ´ – ᴗ ᴗ ´◡
    ᴗ ᴗ ´ – ᴗ ᴗ ´◡
    – ᴗ ᴗ ´ – ᴗ ᴗ ´ – ᴗ ᴗ ´
    – ᴗ ᴗ ´ – ᴗ ᴗ ´
    – ᴗ ᴗ ´ – ᴗ ᴗ ´

⏑ ⏑ ⏓ — ⏑ ⏑ ⏔
⏑ ⏑ ⏓ — ⏑ ⏑ ⏔
⏑ ⏑ ⏓ — ⏑ ⏑ ⏓ —
⏑ ⏑ ⏓ — ⏑ ⏑ ⏓ —
⏑ ⏑ ⏓ — ⏑ ⏑ ⏔
— ⏑ ⏑ ⏓ — ⏑ ⏑ ⏓
— ⏑ ⏑ ⏓ — ⏑ ⏑ ⏓ ⏑ — — ‖ ⋏

Le second couple (402-415 = 416-433) est *iambo-logaédique*.
On y trouve des phérécratéens seconds acatalectiques (deuxième,
quatrième, septième, dixième vers); un prosodiaque premier
(cinquième vers); un glyconique second catalectique (sixième
vers); un glyconique troisième catalectique (huitième vers).

Ἱκοίμαν ποτὶ Κύπρον,
νᾶσον τᾶς Ἀφροδίτας,
ἐν ᾇ θελξίφρονες νέμον-
ται θνατοῖσιν Ἔρωτες
χθόνα θ' ἃν ἑκατόστομοι
βαρβάρου ποταμοῦ ῥοαὶ
καρπίζουσιν ἄνομβροι.
Ποῦ δ' ἁ καλλιστευομένα
Πιερία μούσειος ἕδρα,
σεμνὰ κλιτὺς Ὀλύμπου;
ἐκεῖ σ' ἄγε μ', ὦ Βρόμιε,
πρόβακχ' εὖιε δαῖμον.
Ἐκεῖ Χάριτες, ἐκε δὲ Πόθος·
ἐκεῖ δὲ Βάκχαις θέμις ὀργιάζειν·

⏑ ⏓ ⏓ ⏑ ⏑ ⏓ ⏓
⏓ — ⏓ ⏑ ⏑ ⏓ —
⏑ ⏓ ⏓ ⏑ ⏑ ⏓ ⏑ ⏓
⏓ — ⏓ ⏑ ⏑ ⏓ —
⏑ ⏑ ⏓ ⏑ ⏑ ⏓ ⏑ ⏓
⏓ ⏑ ⏓ ⏑ ⏑ ⏓ ⏑ ⏓ ⏑ ⋏
⏓ — ⏓ ⏑ ⏑ ⏓ —
⏓ — ⏓ — ⏓ ⏑ ⏑ ⏓ ⏑ ⋏
⏓ ⏑ ⏑ ⏓ — ⏓ ⏑ ⏑ ⏓ ⏑ ⋏

```
–́ — –́ ∪ ∪ ∪ –́ —
∪ –́ ∪ ∪ ∪ –́ ∪ ∪ ∪ ∪ ∪ ∪
∪ –́ –́ ∪ ∪ ∪ –́ ∪
∪ –́ ∪ ∪ ∪ ∪ ∪ –́ ∪ ∪ ∪
∪ –́ ∪ –́ –́ ∪ ∪ ∪ –́ ∪ –́ –́.
```

4°) Après un complet iambique du serviteur (4344-50), s'engage un dialogue iambique entre Pentheus et Dionysos (451-518).
Les vers 463-508 sont distribués en *stichomythie*.

Le στάσιμον α' (519-575) a la forme épodique, c'est-à-dire
qu'il se compose d'un couple antistrophique et d'une épode :

```
    ┌ στρ.   — 519 — 536 = 19 v. ┐
    │ ἀντ.   — 537 — 555 = 19 v. │
    └
     ·ἐπῳδ. — 556 — 575 = 20 v.
```

Le rythme de la strophe et de l'antistrophe (519-536=537-555)
est l'*ionique mineur*. Plusieurs vers sont *ditrochaïques*. Nous
scandons l'antistrophe :

Οἵαν οἵαν ὀργὰν
ἀναφαίνει χθόνιον
γένος ἐκφύς τε δράκοντός
ποτε Πενθεὺς, ὃν Ἐχίων
ἐφύτευσε χθόνιος,
ἀγριωπὸν τέρας οὐ φῶ-
τα βρότειον, φόνιον δ' ὥστε γίγαντ' ἀντίπαλον θεοῖς,
ὃς ἐμε βρόχοισι τὰν τοῦ
βρομίου τάχα ξυνάψει,
τὸν ἐμὸν δ' ἐντὸς ἔχει δώ-
ματος ἤδη διασώταν
σκοτίαισι κρυπτὸν εἰρκταῖς.
Ἐσορᾷς τάδ', ὦ Διὸς παῖ
Διόνυσε, σοὺς προφήτας
ἐν ἁμίλλαισιν ἀνάγκας;

μόλε χρυσῶπα τινάσσων,
ἄνα, θύρσον κατ' Ὀλύμπου,
φονίου δ' ἀνδρὸς ὕβριν κατάσχες.

‿ ‿ ⏑ ‿ ‿ ⏑ ‿
⏑ ⏑ ⏑ ‿ ⏑ ⏑ ⏑ ⏑
⏑ ⏑ ⏑ ‿ ⏑ ⏑ ⏑ ‿
⏑ ⏑ ⏑ ‿ ⏑ ⏑ ⏑ ‿
⏑ ⏑ ⏑ ‿ ⏑ ⏑ ⏑ ⏑⏑
⏑ ⏑ ⏑ ‿ ⏑ ⏑ ⏑ ‿
⏑ ⏑ ⏑ ‿ ⏑ ⏑ ⏑ ‿
⏑ ⏑ ⏑ ‿ ⏑ ⏑ ⏑ ‿
⏑ ⏑ ⏑ ⏑ ‿ ⏑ ⏑ ‿
⏑ ⏑ ⏑ ⏑ ‿ ⏑ ⏑ ‿
⏑ ⏑ ⏑ ‿ ⏑ ⏑ ⏑ ‿
⏑ ⏑ ⏑ ‿ ⏑ ⏑ ⏑ ‿
⏑ ⏑ ⏑ ⏑ ‿ ⏑ ⏑ ‿
⏑ ⏑ ‿ ⏑ ‿ ⏑ ‿
⏑ ⏑ ⏑ ⏑ ‿ ⏑ ‿
⏑ ⏑ ⏑ ‿ ⏑ ⏑ ‿ ‿
⏑ ⏑ ⏑ ‿ ⏑ ⏑ ‿ ‿
⏑ ⏑ ⏑ ‿ ⏑ ⏑ ‿ ‿
⏑ ⏑ ⏑ ‿ ‿ ⏑ ⏑ ‿ ⏑ ‿ ⏑ ⏑

L'épode (556-575) est également composée dans le rythme *ionique mineur*; on y remarque plusieurs κῶλα *ditrochaïques*.

Πόθι Νύσας ἄρα τᾶς θη-
ροτρόφου θυρσοφορεῖς
θιάσους, ὦ Διόνυσ', ἢ
κορυφαῖς Κωρυκίαις ;
τάχα δ' ἐν ταῖς πολυδένδρεσ-
σιν Ὀλύμπου θαλάμαις, ἔν-
θα ποτ' Ὀρφεὺς κιθαρίζων
σύναγεν δένδρεα μούσαις,
σύναγεν θῆρας ἀγρώτας.
Μάκαρ ὦ Πιερία,
σέβεταί σ' Εὔιος, ἥξει
τε χορεύων ἅμα βακχεύ-
μασι, τόν τ' ὠκυρόαν

διαϐὰς Ἀξιὸν εἰλισ-
σομένας Μαινάδας ἄξει,
Λυδίαν τε, τὸν εὐδαιμονίας
βροτοῖς ὀλϐοδόταν
πατέρα, τὸν ἔκλυον
εὔιππον χώραν ὕδασιν
καλλίστοισι λιπαίνειν.

∪ ∪ ⏜ — ∪ ∪ ⏜ —
∪ ∪ ⏜ — ∪ ∪ ⊔
∪ ∪ ⏜ — ∪ ∪ ⏜ —
∪ ∪ ⏜ — ∪ ∪ ⊔
∪ ∪ ⏜ — ∪ ∪ ⏜ —
∪ ∪ ⏜ — ∪ ∪ ⏜ —
∪ ∪ ⏜ — ∪ ∪ ⏜ —
∪ ∪ ⏜ — ∪ ∪ ⏜ —
∪ ∪ ⏜ — ∪ ∪ ⏜ —
∪ ∪ ⏜ — ∪ ∪ ⊔
∪ ∪ ⏜ — ∪ ∪ ⏜ —
∪ ∪ ⏜ — ∪ ∪ ⏜ —
∪ ∪ ⏜ — ∪ ∪ ⊔
∪ ∪ ⏜ — ∪ ∪ ⏜ —
∪ ∪ ⏜ — ∪ ∪ ⏜ —
⏜ ∪ — ∪ ∪ ⏜ — ∪ ∪ ⊔ ⏜⏜
∪ ⏜ — ∪ ∪ ⊔ ∪
∪ ∪ ∪ ∪ ∪ ∪ ∪
⏜ — — ⏜ — ∪ ∪ ⊔
— ⏜ — ∪ ∪ ⏜ —.

L'ἐπεισόδιον β′ (576-861), comprend :

1° un dialogue lyrique ou κομμός (576-603), à cinq voix :
Dionysos, le παραστάτης α′, le παραστάτης β′, le coryphée et l'ensemble du chœur. La distribution des vers est la suivante :

Dionys. — 3 v.
παρ. α′ — 1 v.
Dionys. — 2 v.
παρ. β′ — 3 v.
Coryph. — 5 v. + 1/2.

> Chœur. — 1/2 v.
> παρ. α′ — 3 v.
> Dionys. — 2 v.
> παρ. β′ — 5 v.
> Coryph. — 4 v.

Ce κομμός n'est donc pas antistrophique, mais à forme libre. On y distingue cependant trois périodes, dont le commencement est marqué par les interjections ἰώ, — ᾆᾶ, — ᾆᾶ. Le rythme est le *dactylo-trochaïque*.

Dionysos :

> Ἰώ,
> κλύετ᾿ ἐμᾶς κλύετ᾿ αὐδᾶς,
> ἰὼ βάκχαι, ἰὼ βάκχαι.

παραστάτης α′ :

> τίς ὅδε, τίς ὅδε πόθεν ὁ κέλαδος ἀνά μ᾿ ἐκάλεσεν Εὐίου;

Dionysos :

> Ἰὼ, ἰὼ, πάλιν αὐδῶ,
> ὁ Σεμέλας, ὁ Διὸς παῖς.

παραστάτης β′ :

> Ἰὼ, ἰὼ, δέσποτα δέσποτα,
> μόλε νυν ἡμέτερον εἰς
> θίασον, ὦ Βρόμιε, Βρόμιε.

Coryphée :

> πέδου χθονὸς ἔνοσι πότνια.
> Ἆ ἆ
> τάχα τὰ Πενθέως
> μέλαθρα διατινάξεται πεσήμασιν.
> Ὁ Διόνυσος ἀνὰ μέλαθρα·
> σέβετέ νιν.

Chœur :

Σέβομεν ὤ.

παραστάτης α΄ :

> Ἰδὲ τὰ λάινα κίοσιν ἔμβολα
>
> διάδρομα τάδε·
>
> Βρόμιος ἀλαλάξεται στέγας ἔσω·

Dionysos :

> Ἅπτε κεραύνιον αἴθοπα λαμπάδα·
>
> σύμφλεγε σύμφλεγε δώματα Πενθέως.

παραστάτης β΄ :

> Ἅ ᾶ,
>
> πῦρ οὐ λεύσσεις οὐδ᾽ αὐγάζει
>
> Σεμέλας ἱερὸν ἀμφὶ τάφον ἄν
>
> ,ποτε κεραυνόβολος ἔλιπε φλόγα
>
> Δίου βροντᾶς ;

Coryphée :

> Δίκετε πεδόσε δίκετε τρομερὰ
>
> σώματα, Μαινάδες·
>
> ὁ γὰρ ἄναξ ἄνω κάτω τιθεὶς ἔπεισι
>
> μέλαθρα τάδε Διὸς γόνος·

```
⏑ ⏑ ⏑ ⏕ ⏑ ⏑ ⏑ ⏑ ⏕ ⏑
⏑ ⏑ ⏑ ⏕
        ⏑ ⏑ ⏑ ⏕ ⏑
                 ∧
⏑ ⏑ ⏑ ⏕ ⏑ ⏑ ⏕ ⏑ ⏑ ⏕ ⏑ ⏑
⏑ ⏑ ⏑ ⏑ ⏑ ⏑
⏑ ⏑ ⏑ ⏑ ⏑ ⏕ ⏑ ⏕ ⏑ ⏕ ⏕
⏕ ⏑ ⏑ ⏕ ⏑ ⏑ ⏕ ⏑ ⏑ ⏕ ⏑ ⏑
⏕ ⏑ ⏑ ⏕ ⏑ ⏑ ⏑ ⏕ ⏑ ⏑ ⏕ —
⏕ —
— ⏕ — ⏕ — ⏕ — ⏕
⏑ ⏑ ⏕ ⏑ ⏑ ⏑ ⏕ ⏑ ⏑ ⏑ ⏕
⏑ ⏑ ⏑ ⏕ ⏑ ⏑ ⏑ ⏑ ⏑ ⏑ ⏑ ⏑ ⏑
                              ∧
⏕ — ⏕ —
⏑ ⏑ ⏑ ⏑ ⏑ ⏑ ⏑ ⏑ ⏑ ⏑
⏕ ⏑ ⏑ ⏕ ⏑ ⏑
⏑ ⏑ ⏑ ⏕ ⏑ ⏕ ⏑ ⏕ ⏑ ⏕ ⏑ ⏕ ⏑
⏑ ⏑ ⏑ ⏑ ⏑ ⏑ ⏕ ⏑ ⏕
```

2°) un dialogue, en *tétramètres trochaïques* entre Dionysos et le chœur (604-641). Les vers 610-613 sont distribués en *distichomythie*; les vers 614-615, en *stichomythie*.

3°) un dialogue iambique entre Penthcus et Dionysos (642-659). Les vers 647-655 forment une *stichomythie*. Le vers 644 est un *monomètre iambique*.

4°) un dialogue iambique entre Dionysos et Penthcus (787-861). Les vers 794-801 sont distribués en *distichomythie*; les vers 802-843, en *stichomythie*.

Le στάσιμον β′ (832-911) a la forme épodique. La strophe et l'antistrophe sont suivies d'un même refrain, l'ἐφύμνιον ou l'ἐπίφθεγμα.

$$
\left\{
\begin{array}{l}
\text{στρ. : } 862 - 876 = 16 \text{ v.} \\
\quad\text{ἐφύμν. : } 876 - 881 = 5 \text{ v.} \\
\text{ἀντ. : } 882 - 895 = 16 \text{ v.} \\
\quad\text{ἐφύμν. : } 896 - 904 = 5 \text{ v.}
\end{array}
\right\}
$$

$$\text{ἐπῳδ. : } 902 - 911 = 11 \text{ v.}$$

La strophe, l'antistrophe et l'ἐφύμνιον (862-881 = 882-901) sont *logaédiques*. Elles forment un système glyconique :

Ἆρ' ἐν παννυχίοις χοροῖς
θήσω ποτὲ λευκὸν
πόδ' ἀναβακχεύουσα, δέραν
αἰθέρ' εἰς δροσερὸν
ῥίπτουσ' ὡς νεβρὸς χλοεραῖς
ἐμπαίζουσα λείμακος ἡδοναῖς,
ἡνίκ' ἂν φοβερὰν φύγῃ
θήραν ἔξω φυλακᾶς
εὐπλέκτων ὑπὲρ ἀρκύων,
θωΰσσων δὲ κυναγέτας
συντείνῃ δρόμημα κυνῶν·
μόχθοις ὠκυδρόμοις ἀελ-
λὰς θρῴσκει πεδίον
παραποτάμιον, ἡδομένα
βροτῶν ἐρημίαις
σκιαροκόμοιό τ' ἔρνεσιν ὕλας.

    Τί τὸ σοφὸν ἢ τί τὸ κάλλιον
παρὰ θεῶν γέρας ἐν βροτοῖς
ἢ χεῖρ' ὑπὲρ κορυφᾶς
τῶν ἐχθρῶν κρείσσω κατέχειν;
ὅ τι καλὸν φίλον ἀεί.

⏑ ⏑ ⏑ ⏑ ⏑ ⏑ – ⏑ ⏑ – ⏑ ⏓
⏑ – ⏑ – ⏑ –
⏑ ⏑ ⏑ ⏑ – ⏑ – ⏑ ⏑ – –
⏑ ⏑ ⏑ ⏑ – ⏑ ⏑ – ⏑ –
⏑ ⏑ ⏑ – ⏑ ⏑ – ⏑ – ⏓
– – ⏑ – ⏑ ⏑ –
– – – – – ⏑ ⏑ – ⏑ ⏓
⏑ ⏑ ⏑ – ⏑ ⏑ – –.

L'épode (902-911) est *iambo-logaédique*. Les premier, troisième et cinquième vers sont des glyconiques seconds acatalectiques. Le dernier vers est un phérécratéen second acatalectique.

Εὐδαίμων μὲν ὃς ἐκ θαλάσσας
ἔφυγε χεῖμα, λιμένα δ' ἔκιχεν·
εὐδαίμων δ' ὃς ὕπερθε μόχθων
ἐγένεθ'· ἕτερα δ' ἕτερος ἕτερον
ὄλβῳ καὶ δυνάμει παρῆλθεν.
Μυρίαι δὲ μυρίοισιν
ἔτ' εἴσ' ἐλπίδες· αἳ μὲν
τελευτῶσιν ἐν ὄλβῳ
βροτοῖς, αἳ δ' ἀπέβησαν·
τὸ δὲ κατ' ἦμαρ ὅτῳ βίοτος
εὐδαίμων, μακαρίζω.

– – – ⏑ ⏑ – ⏑ – –
⏑ ⏑ ⏑ – ⏑ ⏑ ⏑ ⏑ ⏑ ⏑ ⏑
– – – ⏑ ⏑ – ⏑ – –
⏑ ⏑ ⏑ ⏑ ⏑ ⏑ ⏑ ⏑ ⏑ ⏑ ⏑
– – – ⏑ ⏑ – ⏑ – ⏑
– ⏑ – ⏑ – ⏑ – ⏑
⏑ ⏑ – – ⏑ ⏑ – –
⏑ ⏑ – – ⏑ ⏑ – –
⏑ ⏑ – – ⏑ ⏑ – –
⏑ ⏑ ⏑ – ⏑ ⏑ – ⏑ ⏑ ⏓
– – – ⏑ ⏑ – –.

L'ἐπεισόδιον γ' (912-976) est un dialogue iambique entre

Dionysos et Pentheus. Les vers 923-962 forment une *disti-chomythie* (1). Les vers 967-970 sont divisés en ἀντιλαβαί.

Le στάσιμον γ′ (977-1023) a la forme épodique. Les deux éléments antistrophiques sont suivis d'un ἐφύμνιον.

$$
\left\{
\begin{array}{l}
\text{στρ. : } 977 - 991 = 15 \text{ v.} \\
\quad\text{ἐφυμν. : } 992 - 996 = 4 \text{ v.} \\
\text{ἀντ. : } 997 - 1011 = 15 \text{ v.}
\end{array}
\right\}
$$

ἐφυμν. : 1012 — 1016 = 4 v.

ἐπῳδ. : 1017 — 1023 = 7 v.

Le couple antistrophique paraît être attribué à plusieurs voix. Il semble, en effet, que l'on ait la distribution suivante :

στρ. :	ἀντ. :
977—981 : Coryphée.	997—1001 : Coryphée.
982—984 : παραστάτης α′.	1002—1004 : παραστάτης α′.
985—991 : παραστάτης β′.	1005—1011 : παραστάτης β′.
ἐφύμνιον : 1er demi-chœur.	ἐφύμνιον : 2me demi-chœur.

ἐπῳδός : chœur.

Le rythme de la strophe, de l'antistrophe et de l'ἐφύμνιον (977-996 = 997-1016) est l'*iambo-dogmiaque* :

Ἴτε θοαὶ Λύσσας κύνες ἴτ′ εἰς ὄρος,

θίασον ἔνθ′ ἔχουσι Κάδμου κόραι,

ἀνοιστρήσατέ νιν

ἐπὶ τὸν ἐν γυναικομίμῳ στολᾷ,

Μαινάδων τὸν κατάσκοπον λυσσώδη.

Μάτηρ πρῶτά νιν λευρᾶς ἀπὸ πέτρας ἢ

σκόπελος ὄψεται

δοκεύοντα, Μαινάσιν δ′ ἀπύσει·

« τίς ὅδε Καδμείων

(1) Il est, en effet, probable, comme l'a remarqué Kirchoff, qu'il y a, après le v. 934 une lacune d'un stique. Le v. 929 est interpolé.

μαστὴς ὀρθρεύων
ἐς ὄρος ἐς ὄρος ἔμολ' ἔμολεν, ὦ Βάκχαι;
τίς ἄρα νιν ἔτεκεν;
οὐ γὰρ ἐξ αἵματος γυναικῶν ἔφυ,
λεαίνας δέ τινος ὅδ' ἢ Γοργόνων
λιβυσσᾶν γένος ».
Ἴτω δίκα φανερὸς ἴτω ξιφηφόρος
φονεύουσα λαιμῶν διαμπὰξ
τὸν ἄθεον ἄνομον ἄδικον Ἐχίονος
τόκον γηγενῆ.

⏑ ⏑ ⏑ ⏑ ‒ ‒ ‒ ⏑ ⏑ ⏑ ⏑ ⏑ ‒
⏑ ⏑ ⏑ ⏑ ‒ ⏑ ‒ ⏑ ‒ ⏑ ‒ ‒ ‒ ⏑ ‒
⏑ ‒ ‒ ‒ ⏑ ⏑ ⏑
⏑ ⏑ ⏑ ‒ ⏑ ‒ ⏑ ‒ ⏑ ‒ ‒ ‒ ⏑ ‒
‒ ⏑ ‒ ‒ ⏑ ‒ ⏑ ‒ ⏑ ‒ ‒ ‒ ‒ ‒ ⏑
‒ ‒ ‒ ⏑ ‒ ‒ ‒ ‒ ⏑ ⏑ ⏑ ‒ ‒
⏑ ⏑ ⏑ ‒ ⏑ ‒
⏑ ‒ ‒ ⏑ ‒ ⏑ ⏑ ‒ ‒ ⏑ ‒
⏑ ⏑ ⏑ ‒ ⏑ ‒
‒ ‒ ‒ ‒
⏑ ⏑ ⏑ ⏑ ⏑ ⏑ ⏑ ⏑ ⏑ ⏑ ⏑ ‒ ‒ ‒
⏑ ⏑ ⏑ ⏑ ⏑ ⏑ ⏑ ⏑
‒ ⏑ ‒ ‒ ⏑ ‒ ⏑ ‒ ‒ ⏑ ⏑ ‒
⏑ ‒ ‒ ⏑ ⏑ ⏑ ⏑ ⏑ ‒ ‒ ⏑ ⏑ ‒
⏑ ‒ ‒ ⏑ ⏑ ⏑
⏑ ‒ ⏑ ‒ ⏑ ⏑ ⏑ ⏑ ⏑ ‒ ⏑ ‒ ⏑ ‒
⏑ ‒ ‒ ⏑ ⏑ ‒ ‒ ‒ ⏑ ‒ ‒ ‒
⏑ ⏑ ⏑ ⏑ ⏑ ⏑ ⏑ ⏑ ⏑ ⏑ ⏑ ‒ ⏑ ‒
⏑ ‒ ‒ ‒ ⏑ ‒.

Le rythme de l'épode (1017-1023) est également l'*iambo-
dogmiaque* :

Φάνηθι ταῦρος ἢ πολύκρανος ἰδεῖν
δράκων ἢ πυριφλέγων
ὁρᾶσθαι λέων.
Ἴθ', ὦ Βάκχε, θηράγευτὰ Βακχᾶν
γελῶντι προσώπῳ περίβαλε
βρόχον ἐπὶ θανάσιμον
ἀγέλαν πεσόντι τὰν Μαινάδων.

⏑ — ⏑ — ⏑ — ⏑ ⏑ — ⏑ ⏑ —
⏑ — — ⏑ ⏑ ⏑ ⏑ —
⏑ — — — ⏑ —
⏑ — — ⏑ — ⏑ ⏑ — — — —
⏑ — ⏑ ⏑ — — ⏑ ⏑ ⏑
⏑ ⏑ ⏑ ⏑ ⏑ ⏑ ⏑
⏑ ⏑ — ⏑ — ⏑ — — — ⏑ —

L'ἔξοδος (1024-1387), comprend :

1°) un dialogue, en partie lyrique, en partie iambique entre
le messager et le chœur (1024-1042). Ce κομμός est ainsi distribué entre les interlocuteurs :

    Messag. : 4 trimètres iambiques (le 5ᵐᵉ semble interpolé).

    Chœur   : 1 trimètre iambique.

    Messag. : 1 trimètre iambique.

    Chœur   : 1 vers *lyrique*.

    Messag. : 2 trimètres iambiques.

    Chœur   : 2 vers *lyriques*.

    Messag. : 1 trimètre iambique (incomplet).

    Chœur   : 2 vers *lyriques*.

    Messag. : 2 trimètres iambiques.

    Chœur.   : 2 vers *lyriques*.

Les vers lyriques du chœur sont *iambo-dogmiaques* :

1031 :

    Ἄναξ, ὦ Βρόμιε· θεὸς φαίνει μέγας.

    ⏑ — — ⏑ ⏑ ⏑ ⏑ ⏑ — — — ⏑ —

1034-1035 :

    Εὐάζω ξένα μέλετ: βαρβάροις·

    οὐκέτι γὰρ δεσμῶν ὑπὸ φόβῳ πτήσσω·

    — — ⏑ ⏑ ⏑ ⏑ ⏑ ⏑ ⏑ — ⏑ —

    — ⏑ ⏑ — — ⏑ ⏑ ⏑ ⏑ ⏑ — — ⏑.

1037-1038 :

    Ὁ Διόνυσος ὁ Διὸς παῖς, οὐ Θήβαι

    κράτος ἔχουσ' ἐμόν.

◡ ◡ ◡ — ◡ ◡ ◡ — — — — —
◡ ◡ ◡ — ◡ ◡

1041-1042 :

> Ἔννεπέ μόι, φράσον, τίνι μόρῳ θνήσκει
> ἄδικος ἄδικά τ᾽ ἐκπορίζων ἀνήρ.

— ◡ ◡ — ◡ — ◡ ◡ ◡ — — —
◡ ◡ ◡ ◡ ◡ ◡ ◡ — ◡ — — — ◡ —

2°) le récit iambique du Messager (1043-1152).

3°) un chœur épisodique (1153-1164) composé dans le rythme *iambo-dogmiaque* :

> Ἀναγορεύσωμεν Βάκχιον,
> ἀναβοάσωμεν ξυμφορὰν
> τὰν τοῦ δράκοντος ἐκγενέτα Πενθέως,
> ὃς τὰν θηλυγενῆ στολὰν
> νάρθηκά τε πιστὸν Ἅιδαν
> ἔλαβεν εὔθυρσον,
> ταῦρον προηγητῆρα συμφορᾶς ἔχων.
> Βάκχαι Καδμεῖαι,
> τὸν καλλίνικον κλεινὸν ἐξεπράξατε
> εἰς γόον, εἰς δάκρυα.
> Καλὸς ἄγων, ἐν αἵματι στάζουσαν
> χέρα περιβαλεῖν τέκνου·

◡ ◡ ◡ — — — — — ◡ ◡
◡ ◡ ◡ — — — — — ◡ —
— — ◡ — ◡ — ◡ ◡ ◡ — —
◡ — — ◡ ◡ ◡ — ◡ —
— — ◡ ◡ ◡ — ◡ — —
◡ ◡ ◡ — — —
— — ◡ — — — ◡ ◡ ◡ — ◡ —
— — — —
— — ◡ — — — ◡ ◡ ◡ — ◡ ◡
— ◡ ◡ — ◡ ◡ ◡
◡ ◡ ◡ — ◡ — ◡ — — — —
◡ ◡ ◡ ◡ ◡ — ◡ —

Ce chœur est interrompu par l'arrivée d'Agaué, qu'annoncent trois trimètres iambiques du coryphée (1165-1167).

4°) un κομμός entre Agaué et le chœur (1168-1199). Ce κομμός a la forme antistrophique :

$$\begin{cases} \sigma\tau\rho. : 1168 - 1183 = 16 \text{ v.} \\ \dot{\alpha}\nu\tau. : 1184 - 1199 = 16 \text{ v.} \end{cases}$$

Il semble que le 1er demi-chœur chante la strophe et le 2me demi-chœur l'antistrophe. Les vers sont ainsi distribués :

Ag. ½ v.   +   Ch. ½ v.

Ag.   3 v.

Ch.   1 v.

Ag.   3 v.

Ch.   1 v.

Ag. ¼ v.   +   Ch. ½ v.

Ag.   1 v.

Ch. ½ v.   +   Ag. ½ v.

Ch. ¼ v.   +   Ag. ½ v.

Ch. ¼ v. + Ag. ¼ v. + Ch. ¼ v. + Ag. ¼ v.

+ 1 v.

+ ½ v.   +   Ch. ½ v.

Le rythme est l'*iambo-dogmiaque*. Nous scandons l'antistrophe :

Ag. Μέτεχέ νυν θοίνας.

Ch. Τί μετέχω τλάμων;

Ag. Νεός ὁ μόσχος ἄρ-

τι γένυν ὑπὸ κόρυθ' ἀπαλότριχα

κατάτομον θάλλει.

Ch. Πρέπει γ' ὥστε θήρ ἄγραυλος φόβη.

Ag. Ὁ Βάκχιος κυναγέτας

σοφός σοφῶς ἀνέπηλ' ἐπὶ θήρα

τοῦδε Μαινάδας.

Ch. Ὁ γὰρ ἄναξ ἀγρεύς.

Ag. Ἐπαινεῖς.

   Ch. Τί δ'; ἐπαινῶ.

Ag. Τάχα δὲ Καδμεῖοι

καὶ παῖς γε Πενθεὺς ματέρ'.

    Ag. Ἐπαινέσεται

λαβοῦσαν ἄγραν.

   Ag. Τάνδε λεοντοφυῆ

περισσάν.

  Ag. περισσῶς.

   Ch. Ἀγάλλει;

    Ag. γέγηθα

μεγάλα μεγάλα καὶ

φανερὰ τᾷδει γᾷ.

  Ch. Κατειργασμένα.

⏑ ⏑ ⏑ – — – ⏑ ⏑ ⏑ – — –
⏑ ⏑ ⏑ – ⏑ –
⏑ ⏑ ⏑ ⏑ ⏑ ⏑ ⏑ ⏑ ⏑ ⏑ ⏑
⏑ ⏑ ⏑ – — –
⏑ – – ⏑ – ⏑ – – ⏑ –
⏑ – ⏑ – ⏑ – ⏑ –
⏑ – ⏑ – ⏑ ⏑ – ⏑ ⏑ – –
– ⏑ – ⏑ –
⏑ ⏑ ⏑ – ⏑ –
⏑ – – – ⏑ ⏑ – – –
⏑ ⏑ ⏑ – — –
— – – ⏑ – — – ⏑ ⏑ ⏑ – ⏑ ⏑ ⏑ –
⏑ – ⏑ – — – ⏑ ⏑ ⏑ – ⏑ ⏑ –
⏑ – – – ⏑ – – – ⏑ – – – ⏑ – – –
⏑ ⏑ ⏑ ⏑ ⏑ ⏑ –
⏑ ⏑ ⏑ – ⏑ – ⏑ – – – ⏑ –.

Après le κομμός le dialogue se continue, en trimètres iambiques, entre le chœur et Agaué (1200-1215).

5°) un dialogue iambique entre Kadmos, Agané et le chœur
(1216-1329). Le chœur n'intervient, à la fin de ce dialogue,
que par un distique (1327-1328). Les vers 1263-1301 (il y a là

une lacune d'un vers) forment une *stichomythie*, qui n'est interrompue que par un distique d'Agaué (1269-1270).

6°) un dialogue iambique, entre Dionysos, qui apparaît dans le θεολογεῖον, et Agaué (1330-1351).

7°) un dialogue entre Kadmos et Agaué (1352-1387). La première partie de ce dialogue est iambique. La seconde (1368-1387), forme un système *anapestique*, terminé par un parémiaque. Il est d'ailleurs à remarquer que, depuis le vers 1372, Nauck considère cette partie du dialogue comme interpolée.

8°) un ἐξόδιον du chœur (1388-1392), formant une période anapestique terminée par un parémiaque. Ces vers sont vraisemblablement interpolés.

EURIPIDE

II

Électre

EURIPIDE

II

Électre

Le πρόλογος, c'est-à-dire toute la partie de la tragédie qui précède la πάροδος, (1-166), comprend quatre parties :

1°) Le prologue proprement dit, ou monologue du cultivateur (αὐτουργός), en trimètres iambiques (1-53) ;

2°) un dialogue iambique, entre Electre et le cultivateur, son mari (54-81). Ce dialogue est formé de quatre couplets, ainsi distribués :

$$\text{El.} \qquad 10 \text{ v.}$$
$$\text{Cult. } 3 \text{ v,}$$
$$\text{El.} \qquad 10 \text{ v.}$$
$$\text{Cult. } 5 \text{ v.}$$

3°) un monologue iambique d'Oreste (82-111), qui s'adresse à son ami Pylade, personnage muet (κωφὸν πρόσωπον).

4°) un μέλος ἀπὸ σκηνῆς d'Electre (112-166), qui comprend deux couples antistrophiques, dont les éléments sont séparés par une mésode.

$$\text{στρ. α'. } — 112 — 124 = 13 \text{ v.}$$
$$\text{μεσῳδ. } — 125 — 126 = 2 \text{ v.}$$
$$\text{ἀντ. α'. } — 127 — 139 = 13 \text{ v.}$$
$$\text{στρ. β'. } — 140 — 149 = 10 \text{ v.}$$
$$\text{μεσῳδ. } — 150 — 156 = 7 \text{ v.}$$
$$\text{ἀντ. β'. } — 157 — 166 = 10 \text{ v.}$$

Les deux couples antistrophiques et les deux mésodes sont composés dans le rythme *logaédique*.

Le premier couple (112-124 = 127-139) forme un système glyconique. Après une série dactylo-trochaïque de trois vers viennent quatre glyconiques seconds catalectiques ; puis un phérécratéen second acatalectique, un glyconique second catalectique, un phérécratéen premier catalectique, deux glyconiques seconds catalectiques, et, enfin, un phérécratéen second acatalectique (1).

Συντείνειν ὥρα ποδὸς ὁρμάν·
ὦ ἔμϐα ἔμϐα κατακλαίουσ'·
ἰώ μοί μοι.
Ἐγενόμαν Ἀγαέμέμνονος
[κούρα] κἄτεκέν με Κλυταιμνήστρα,
στυγνὰ Τυνδάρεω κόρα·
κικλήσκουσι δέ μ' ἀθλίαν
Ἠλέκτραν πολῖῆται.
Φεῦ, φεῦ τῶν σχετλίων πόνων
καὶ στυγερᾶς ζόας.
Ὦ πάτερ, σὺ δ' ἐν Ἀίδα
κεῖσαι, σᾶς ἀλόχου σφαγαῖς
Αἰγίσθου τ', Ἀγάμεμνον.

```
 ⌣̄ — ⌣̄ — ◡ ◡ ◡ ⌣̄ —
 ⌣̄ — ⌣̄ — ⌣̄ ◡ ◡ ⌣̆ ⌣̄
 ◡ ⌣̄ — ⌣̄ ◡̆
              ∧
 ◡ ◡ ◡ ⌣̄ ◡ ◡ ⌣̄ ◡ ⌣̄ ◡̆
                      ∧
 ⌣̄ ◡ ⌣̄ ◡ ◡ ⌣̄ — ⌣̄ ◡̆
                      ∧
 ⌣̄ — ⌣̄ ◡ ◡ ⌣̄ ◡ ⌣̄ ◡̆
                      ∧
 ⌣̄ — ⌣̄ ◡ ◡ ⌣̄ ◡ ⌣̄ ◡̆
                      ∧
```

(1) Nous avons suivi le texte de l'éd. *Weil*, à laquelle nous renvoyons le lecteur (*Sept tragédies d'Euripide*. Paris. Hachette. 1879).

L'αὐλητής a dû précéder le chœur dans l'ὀρχήστρα, pour accompagner le μέλος d'Electre.

$$\text{—́ — —́ ⏑ ⏑ ⏑ —́ —}$$
$$\text{—́ — —́ ⏑ ⏑ ⏑ —́ ⏑ —́ ⏑͜⏜}$$
$$\text{—́ ⏑ ⏑ —́ —́ ⏑ —́ ⏑͜⏜}$$
$$\text{—́ ⏑ —́ ⏑ ⏑ ⏑ —́ ⏑ —́ ⏑͜⏜}$$
$$\text{—́ — —́ ⏑ ⏑ ⏑ —́ ⏑ —́ ⏑͜⏜}$$
$$\text{—́ — —́ ⏑ ⏑ ⏑ —́ ⏑}$$

La première mésode (125—126) est également une série
logaédique.

> Ἴθι τὸν αὐτὸν ἔγειρε γόον,
> ἄναγε πολύδακρυν ἀδονάν.

$$\text{⏑ ⏑ ⏑ —́ ⏑ ⏑ —́ ⏑ ⏑ ⏑}$$
$$\text{⏑ ⏑ ⏑ ⏑ ⏑ ⏑ ⏑ —́ ⏑ —́ ⏑͜⏜}$$

Le second couple (140-149 = 157-166) est *logaédique*, comme
le précédent. Il comprend une série dactylique catalectique de
deux vers, un diïambe, une série logaédique syncopée de deux
vers et deux phérécratéens seconds acatalectiques, séparés par
trois glyconiques seconds catalectiques :

> Θὲς τόδε τεῦχος ἐμῆς ἀπὸ κρατὸς ἑ-
> λοῦσ', ἵνα πατρὶ γόους νυχίους
> ἐπορθρεύσω.
> Ἰαχὰν, Ἀίδα μέλος,
> κάτω γᾶς ἐνέπω γόους, πάτερ, σοί.
> Οἷς ἀεὶ τὸ κατ' ἦμαρ
> διέπομαι, κατὰ μὲν φίλαν
> ὄνυχι τεμνομένα ἐέραν,
> χέρα τε κρᾶτ' ἐπὶ κούριμον
> τιθεμένα θανάτῳ σῷ.

$$\text{—́ ⏑ ⏑ —́ ⏑ ⏑ —́ ⏑ ⏑ —́ ⏑ ⏑}$$
$$\text{—́ ⏑ ⏑ —́ ⏑ ⏑ —́ ⏑ ⏑ —́}$$
$$\text{⏑ —́ — —́}$$
$$\text{⏑ ⏑ ⏑ —́ —́ ⏑ —́ ⏑ —́}$$
$$\text{⏑ — —́ ⏑ ⏑ ⏑ —́ ⏑ —́ ⏑ —́ —}$$
$$\text{—́ ⏑ —́ ⏑ ⏑ —́ —}$$

⏑ ⏑ ⏑ ‒ ⏑ ⏑ ‒ ⏑ ‒ ⏑⏑
⏑ ⏑ ⏑ ‒ ⏑ ⏑ ‒ ⏑ ‒ ⏑⏑
⏑ ⏑ ⏑ ‒ ⏑ ⏑ ‒ ⏑ ‒ ⏑⏑
⏑ ⏑ ⏑ ‒ ⏑ ⏑ ‒ ‒

La seconde mésode (150-156), *logaédique*, comme le couple,
dont elle sépare la strophe et l'antistrophe, forme un système
glyconique. Après un prosodiaque second syncopé, elle comprend
deux glyconiques premiers catalectiques, séparés par trois glyconiques seconds catalectiques, et elle se termine par un glyconique
second catalectique.

> Ἐὴ δρύπτε κάρα·
> οἷα δέ τις κύκνος ἀχέτας
> ποταμίοις παρὰ χεύμασιν
> πατέρα φίλτατον ἀνακαλεῖ,
> ὀλόμενον δολίοις βρόχων
> ἕρκεσιν, ὡς σὲ τὸν ἄθλιον,
> πάτερ, ἐγὼ κατακλαίομαι.

⏑ ‒ ‒ ⏑ ⏑ ‒
‒ ⏑ ⏑ ‒ ‒ ⏑ ⏑ ⏑ ‒ ⏑⏑
⏑ ⏑ ⏑ ‒ ⏑ ⏑ ‒ ⏑ ‒ ⏑⏑
⏑ ⏑ ⏑ ‒ ⏑ ⏑ ⏑ ⏑ ⏑ ‒ ⏑⏑
⏑ ⏑ ⏑ ‒ ⏑ ⏑ ‒ ⏑ ‒ ⏑⏑
‒ ⏑ ⏑ ‒ ⏑ ⏑ ⏑ ⏑ ‒ ⏑⏑
⏑ ⏑ ⏑ ‒ ⏑ ⏑ ‒ ⏑ ‒ ⏑⏑

La πάροδος (167-212) n'est formée que d'une strophe et d'une
antistrophe, partagées entre le chœur et Électre :

$$\left\{\begin{array}{l} \text{ἀντ.} \left\{\begin{array}{l} \text{Ch. } 167 - 174 = \ 8 \text{ v.} \\ \text{El. } 175 - 189 = 14 \text{ v.} \end{array}\right\} = 22 \text{ v.} \\ \text{στρ.} \left\{\begin{array}{l} \text{Ch. } 190 - 197 = \ 8 \text{ v.} \\ \text{El. } 198 - 212 = 14 \text{ v.} \end{array}\right\} = 22 \text{ v.} \end{array}\right\}$$

Le rythme est *logaédique*. Les couplets du chœur (167-174 =
190-197) comprennent un prosodiaque premier acatalectique, une
série dactylo-trochaïque syncopée de trois vers (le premier est

un hexamètre dactylique) ; un glyconique second catalectique ;
deux glyconiques troisièmes catalectiques, et enfin une pentapodie
catalectique.

'Αγαμέμνονος ὦ κόρα,
ἤλυθον, Ἠλέκτρα, ποτὶ σὰν αὐλὰν ἀγρότειραν.
Ἔμολέ τις ἔμολεν ἀνὴρ γαλακτοπότας
Μυκηναῖος οὐριβάτας·
ἀγγέλλει δ' ὅτι νῦν τριται-
αν καρύσσουσιν θυσίαν
'Αργεῖοι, πᾶσαι δὲ παρ' Ἡ-
ραν μέλλουσιν παρθενικαὶ στείχειν·

$\cup\cup\acute{} \cup\cup\acute{} \cup\acute{}$
$\acute{}\cup\cup\acute{}-\acute{}\cup\cup\acute{}-\acute{}\cup\cup\acute{}\cup$
$\cup\cup\cup\cup\cup\cup\cup\cup\acute{}\cup\acute{}\cup\cup\acute{}$
$\cup\_\acute{}\cup\acute{}\cup\cup\acute{}$
$\acute{}\_\acute{}\cup\cup\acute{}\cup\acute{}\overset{\cup}{\wedge}$
$\acute{}\_\acute{}\_\acute{}\cup\cup\acute{}\overset{\cup}{\wedge}$
$\acute{}\_\acute{}\_\acute{}\cup\cup\acute{}\overset{\cup}{\wedge}$
$\acute{}\_\acute{}\_\acute{}\cup\cup\acute{}\_\acute{}\overset{\cup}{\wedge}.$

Les couplets d'Electre (175-189=198-212) sont formés de
deux glyconiques seconds catalectiques ; de deux phérécratéens
seconds acatalectiques, séparés par un glyconique troisième syncopé ; d'un glyconique troisième catalectique ; d'une hexapodie
syncopée ; d'un phérécratéen second acatalectique ; de deux
glyconiques troisièmes catalectiques ; d'un glyconique second
catalectique, et de deux phérécratéens seconds acatalectiques,
séparés par un glyconique troisième catalectique.

Οὐκ ἐπ' ἀγλαΐαις, φίλαι,
θυμὸν οὐδ' ἐπὶ χρυσέοις
ὅρμοις ἐκπεπόταμαι
τάλαιν' οὐδ' ἱστᾶσα χορούς
'Αργείαις ἅμα νύμφαις
εἱλικτὸν κρούσω πόδ' ἐμόν·

Δάκρυσι νυχεύω, δακρύων δέ μοι μέλει
δειλαίᾳ τὸ κατ' ἆμαρ.
Σκέψαι μου κόμαν πιναρὰν
καὶ πέπλων τρύχη τάδ' ἐμῶν,
εἰ πρέπουτ' Ἀγαμέμνονος
κούρᾳ "σται βασιλείᾳ
τᾷ Τροίᾳ θ' ἃ 'μοῦ πατέρος
μέμναταί ποθ' ἁλοῦσα.

```
–∪–∪∪–∪–∪̆
–∪–∪∪–∪–∪̆
–––∪∪––
∪–––∪∪–
–––∪∪––
––––∪∪–∪̆
∪∪∪∪––∪∪–∪–∪
–––∪∪––
–––∪–∪∪–∪̆
––––∪∪–∪̆
–∪–∪∪–∪–∪̆
–––∪∪––
––––∪∪–∪̆
–––∪∪––.
```

L'ἐπεισόδιον α' (213-431) se divise en trois parties :

1°) après un distique du coryphée et un couplet d'Electre (213-219), s'engage, entre Oreste et Electre, une longue *stichomythie* (220-289) ; puis le dialogue continue entre Oreste, le chœur et Electre (290-338) ;

2°) un distique du coryphée annonce la rentrée du cultivateur. Une première scène entre l'αὐτουργός et Electre (341-356) comprend deux quatrains, l'un du cultivateur, l'autre d'Electre (341-348) et une *stichomythie* des deux interlocuteurs (349-356). Une seconde scène est formée d'un dialogue entre le cultivateur, Oreste, et Electre, et se termine par un tristique du chœur (357-403) ;

3°) dans une dernière scène, s'engage un dialogue entre

Electre et son mari (404-431). La composition en est symétrique. Les couplets sont, en effet, distribués de la manière suivante :

$$
\begin{array}{ll}
\text{El.} & \text{2 v.} \\
\text{Cult.} & \text{2 v.} \\
\text{El.} & \text{12 v.} \\
\text{Cult.} & \text{12 v.}
\end{array}
$$

Le στάσιμον α' (432-486) est formé de deux couples de strophes, suivis d'une épode :

$$
\begin{aligned}
\left\{
\begin{array}{l}
\text{στρ. α' — 432 — 441} = \text{10 v.} \\
\text{ἀντ. α' — 442 — 451} = \text{10 v.}
\end{array}
\right\} \\[4pt]
\left\{
\begin{array}{l}
\text{στρ. β' — 452 — 462} = \text{10 v.} \\
\text{ἀντ. β' — 464 — 475} = \text{10 v.}
\end{array}
\right\} \\[4pt]
\text{ἐπῳδ. — 476 — 486} = \text{9 v.}
\end{aligned}
$$

Le premier couple (432-441 = 442-451) appartient au rythme *logaédique*. Après une série logaédique syncopée de trois vers (le second est un glyconique premier syncopé), viennent deux glyconiques seconds catalectiques. On a ensuite une dipodie logaédique de forme anapestique, un glyconique troisième syncopé, une tétrapodie catalectique de forme anapestique ; puis, la strophe se termine par un glyconique second catalectique et un phérécratéen second acatalectique :

Κλειναὶ νᾶες, αἵ ποτ' ἔμβατε Τροίαν

τοῖς ἀμετρήτοις ἐρετμοῖς

πέμπουσαι χορούς μετὰ Νηρήδων,

ἵν' ὁ φίλαυλος ἔπαλλε δελ-

φὶς πρῴραις κυανεμβόλοις

εἱλισσόμενος,

πορεύων τὸν τᾶς Θέτιδος

κοῦφον ἅλμα ποδῶν Ἀχιλῆ

σὺν Ἀγαμέμνονι Τροίας

ἐπὶ Σιμουντίδας ἀκτάς·

84   MÉDÉRIC DUFOUR

‒ ∪ ‒ ∪ ‒ ∪ ‒ ∪ ‒
‒ ∪ ∪ ‒ ∪ ‒ ∪ ‒
‒ ‒ ∪ ‒ ∪ ∪ ‒ ‒
∪ ∪ ∪ ‒ ∪ ∪ ‒ ∪ ‒ ∪̆
‒ ‒ ∪ ∪ ∪ ‒ ∪ ‒ ∪̆
‒ ‒ ∪ ∪ ‒
∪ ‒ ‒ ‒ ∪ ∪ ∪ ‒
‒ ∪ ‒ ∪ ∪ ‒ ∪ ∪ ‒
∪ ∪ ∪ ‒ ∪ ∪ ‒ ∪ ‒ ∪̆
∪ ∪ ∪ ‒ ∪ ∪ ‒ ‒

Le second couple (452-462 = 464-475) est également *logaédique*. Après une pentapodie dactylique catalectique, viennent
deux phérécratéens seconds acatalectiques, puis un glyconique
second catalectique, auxquels succèdent une pentapodie dactylique, un glyconique second catalectique, une tétrapodie dactylique, et la strophe se termine par une série logaédique de
forme choriambique de deux vers et un glyconique second
acatalectique :

      Ἰλιόθεν δ᾽ ἔκλυόν τινος ἐν λιμέσιν
      Ναυπλίοισι βεβῶτος
      τᾶς σᾶς, ὦ Θέτιδος παῖ,
      κλεινᾶς ἀσπίδος ἐν κύκλῳ
      τοιάδε σήματα δείματα φρικτὰ τετύχθαι.
      Περιδρόμῳ μὲν ἴτυος ἕδρᾳ
      Περσέα λαιμοτόμαν ὑπὲρ ἅλμας
      ποτανοῖσι πεδίλοις κορυφὰν
      Γοργόνος ἴσχειν, Διὸς ἀγγέλῳ σὺν Ἑρμᾷ,
      τῷ Μαίας ἀγροτῆρι κούρῳ.

‒ ∪ ∪ ‒ ∪ ∪ ‒ ∪ ∪ ‒ ∪ ∪ ‒ ‒̄
‒ ∪ ‒ ∪ ∪ ‒ ‒
‒ ‒ ‒ ∪ ∪ ‒ ‒
‒ ‒ ‒ ∪ ∪ ‒ ∪ ‒ ∪̆
‒ ∪ ∪ ‒ ∪ ∪ ‒ ∪ ∪ ‒ ∪ ∪ ‒ ‒
∪ ∪ ∪ ‒ ∪ ∪ ∪ ∪ ‒ ∪̆
‒ ∪ ∪ ‒ ∪ ∪ ‒ ∪ ∪ ‒
∪ ‒ ‒ ∪ ∪ ‒ ‒ ∪ ∪ ‒
‒ ∪ ∪ ‒ ∪ ‒ ∪ ∪ ‒ ∪ ‒ ∪ ‒
‒ ‒ ‒ ∪ ∪ ‒ ∪ ‒ ‒

L'épode (476-486), forme une série *dactylo-trochaïque*, commençant par un hexamètre dactylique. Après une série iambique de deux vers, viennent six vers dactylo-trochaïques.

'Εν δὲ δόρει φονίῳ τετραβάμονες ἵπποι ἔπαλλον,
κελαινὰ δ' ἀμφὶ νῶθ' ἵετο κόνις.
Τοιῶνδ' ἄνακτα δοριπόνων
ἔκανεν ἀνδρῶν, Τυνδαρὶ,
σὰ λέχεα, κακόφρων κόρα.
Τοιγάρ σέ ποτ' οὐρανίδαι
πέμψουσιν θανάτοις· ἦ σὰν
ἔτ' ἔτι φόνιον ὑπὸ δέραν
ὄψομαι αἷμα χυθὲν σιδάρῳ.

– ⏑ ⏑ – ⏑ ⏑ – ⏑ ⏑ – ⏑ ⏑ – ⏑ ⏑ – ⏑
⏑ – – – ⏑ – – ⏑ ⏑ ⏑ –
– – ⏑ – ⏑ ⏑ ⏑ ⏑ –
⏑ ⏑ ⏑ – – – ⏑ ⏑
⏑ ⏑ ⏑ ⏑ ⏑ ⏑ – ⏑ –
– – ⏑ ⏑ – ⏑ ⏑ – ⏑⁀
– – – ⏑ ⏑ – . – – ⏑⁀
⏑ ⏑ ⏑ ⏑ ⏑ ⏑ ⏑ ⏑ – ⏑⁀
– ⏑ ⏑ – ⏑ ⏑ – ⏑ – –

L'ἐπεισόδιον β' (487-698) se compose de cinq parties :

1°) Dialogue iambique entre le vieillard et Électre (487-546). Au commencement et à la fin, ce dialogue présente une composition symétrique :

486-523 :

Vieil. 16. v.

El. 5 v.

Vieil. 16 v.

534-544 :

El. 4 v.

Vieil. 3 v.

El. 4 v.

2°) Dialogue iambique entre Oreste, le vieillard et Électre (547-584). Du v. 56o à 572, ce dialogue est formé de monostiques, partagés entre Électre, Oreste et le vieillard. Les v. 579-581 sont divisés en ἀντιλαβαί entre Électre et Oreste.

3°) Chœur épisodique (585-595), probablement réparti entre deux choreutes, peut-être les deux παραστάται (585-589 ; 590-595) ; Le rythme est le *dogmiaque*. Les deux morceaux sont, en effet, deux séries dogmiaques, de forme logaédique.

α'.

> Ἔμολες ἔμολες, ὦ χρόνιος ἀμέρα,
> κατέλαμψας, ἔδειξας ἐμφανῆ
> πόλει πυρσὸν, ὅς παλαιᾷ φυγᾷ
> πατρίων ἀπὸ δωμάτων τάλας
> ἀλαίνων ἔβα.

> ∪ ∪ ∪ ∪ ∪ ∪ ∪ — ∪ ∪ ∪ — ∪ —
> ∪ ∪ — ∪ ∪ — ∪ — ∪ —
> ∪ — — — ∪ — ∪ — — — ∪ —
> ∪ ∪ — ∪ ∪ — ∪ — ∪ —
> ∪ — — — ∪ —.

β'.

> Θεὸς αὖ θεὸς ἀμετέραν τις ἄγει
> νίκαν. Ὦ φίλα,
> ἄνεχε γέρας, ἄνεχε λόγον, ἵει λιτὰς
> λιτὰς εἰς θεούς, τύχᾳ σοι τύχᾳ
> κασίγνητον ἐμβατεῦσαι πόλιν.

> ∪ ∪ — ∪ ∪ — ∪ ∪ — ∪ —
> ∪ — — — ∪ —.
> ∪ ∪ ∪ ∪ ∪ ∪ ∪ ∪ ∪ ∪ — ∪ —
> ∪ — — ∪ — — ∪ — — — ∪ —
> ∪ — — ∪ — ∪ — — — ∪ —

4°) Dialogue iambique entre Oreste, le vieillard et Électre (596-670). Après deux couplets, échangés entre Oreste et le vieillard (596-611) vient une longue *stichomythie* entre Oreste et le vieillard (612-645), entre Oreste et Électre (646-649), entre le vieillard et Electre (650-666). Les trois derniers monostiques (667-670) sont attribués aux trois interlocuteurs.

5°) Scène iambique entre Oreste et Electre (671-698). Les vers 674-684 contiennent les prières d'Oreste et d'Electre à Jupiter, Junon et les mânes d'Agamemnon. Ces prières sont disposées symétriquement en quatre groupes de trois vers :

$$1. = \left\{ \begin{array}{l} \text{Or. 2 v.} \\ \text{El. 1 v.} \end{array} \right\}$$

$$2. = \left\{ \begin{array}{l} \text{Or. 2 v.} \\ \text{El. 1 v.} \end{array} \right\}$$

$$3. = \quad \text{Or. 3 v.}$$

$$4. = \quad \text{El. 3 v.}$$

Le morceau est terminé par deux monostiques, l'un d'Oreste, l'autre d'Electre. La fin du dialogue entre Electre et Oreste (685-698) n'offre rien de particulier.

Le στάσιμον β' (699-746) comprend deux couples de strophes :

$$\left\{ \begin{array}{l} \text{στρ. α'. — 699 — 712 = 14 v.} \\ \text{ἀντ. α'. — 713 — 726 = 14 v.} \end{array} \right\}$$

$$\left\{ \begin{array}{l} \text{στρ. β'. — 727 — 736 = 10 v.} \\ \text{ἀντ. β'. — 737 — 746 = 10 v.} \end{array} \right\}$$

Le rythme du premier couple (699-712 = 713-726) est *logaédique*. On a d'abord une série logaédique de forme anapestique, comprenant trois vers, et suivie de deux glyconiques troisièmes catalectiques, d'un prosodiaque second et d'une série trochaïque syncopée de forme crétique. On a ensuite, après une dipodie à anacrouse, deux prosodiaques premiers, un glyconique second catalectique, un phérécratéen premier acatalectique : et la strophe se termine par une série dactylo-trochaïque syncopée de deux vers.

Ἀταλᾶς ὑπὸ ματέρος; Ἀρ-
γείων ὀρέων ποτὲ κληδὼν
ἐν πολιαῖσι μένει φάμαις
εὐαρμόστοις ἐν καλάμοις
Πᾶνα μοῦσαν ἀδύθροον
πνείοντ', ἀγρῖον ταμίαν,
χρυσέαν ἄρνα καλλιπλόκαμον χορεῦσαι·
Πετρίνοις δ' ἐπιστὰς
κᾶρυξ ἴαχεν βάθροις·
Ἀγορὰν ἀγορὰν, Μυκη-
ναῖοι, ττείχετε μακαρίων
ὀψόμενοι τυράννων
φάσματα δείματα. Κῶ-
μοι δ' Ἀτρειδᾶν ἐγέραιρον οἴκους.

∪ ∪ — ∪ ∪ — ∪ ∪ —
— — ∪ ∪ — ∪ ∪ ́ —
— ∪ ∪ — ∪ ∪ ́ — ́
— — — — — ∪ ∪ — ⏑̆
— ∪ — ∪ — ∪ ∪ — ⏑̆
— — ∪ — ∪ ∪ —
— ∪ — — — ∪ — ∪ ∪ ∪ ∪ — ∪ — —
∪ ∪ — ∪ — —
— — ∪ ∪ — ∪ —
∪ ∪ — ∪ ∪ — ∪ —
— — — ∪ ∪ ∪ ∪ ∪ ∪ — ⏑̆
— ∪ ∪ — ∪ — —
— ∪ ∪ — ∪ ∪ — ⏑̆
— ∪ — — ∪ ∪ — ∪ — —

Le second couple (727-736 = 737-746) est également composé
dans le rythme *logaédique* et forme un système glyconique.

La strophe commence par un glyconique premier catalectique à anacrouse et à catalexe après le troisième temps fort.
• Il est suivi d'un prosodiaque premier et d'une série logaédique de deux vers, dont le second a la forme anapestique.
On a ensuite un glyconique second catalectique (ces trois

glyconiques ont, comme le premier de la strophe une anacrouse et une catalexe après le troisième temps fort) ; un prosodiaque second, et, enfin un hendécasyllabe.

> Τότε δή, τότε <δή> φαεννὰς
> ἄστρων μετέβασ᾽ ὁδοὺς
> Ζεὺς καὶ φέγγος ἀελίου
> λευκόν τε πρόσωπον ἀοῦς·
> τὰ δ᾽ ἕσπερα νῶτ᾽ ἐλαύνει
> θερμᾶ φλογὶ θεοπύρῳ,
> νεφέλαι δ᾽ ἔνυδροι πρὸς ἄρκτον,
> ξηραί τ᾽ Ἀμμωνίδες ἕδραι
> φθίνουσ᾽ ἀπειρόδροσοι,
> χαλλίστων ὄμβρων Διόθεν στερεῖσαι.

$$\cup\cup\angle\cup\cup\angle\cup\llcorner\angle$$
$$-\angle\cup\cup\angle\cup\angle$$
$$\angle\llcorner\angle\cup\cup\cup\cup\angle-$$
$$-\angle\cup\cup\angle\cup\cup\angle$$
$$\cup\angle\cup\cup\angle\cup\llcorner\angle$$
$$-\angle\cup\cup\cup\cup\cup\angle$$
$$\cup\cup\angle\cup\cup\angle\cup\llcorner\angle$$
$$-\angle-\angle\cup\cup\llcorner\angle$$
$$\cup\angle\cup\angle\cup\cup\angle$$
$$\angle\llcorner\angle-\angle\cup\cup\angle\cup\angle-,$$

L'ἐπεισόδιον γ᾽ (747-1146) comprend sept parties :

1°) Dialogue iambique entre le coryphée et Electre (747-760). Après un quatrain du coryphée, ce dialogue est formé d'une *stichomythie* entre Electre et le coryphée (751-760).

2°) Dialogue iambique entre le messager et Electre (761-858).

3°) Chœur épisodique, formé d'une strophe et d'une antistrophe, séparées par un couplet d'Electre (859-879) :

> στρ. 859 — 865 = 7 v.
> El. 866 — 872
> ἀντ. 873 — 879 = 7 v.

Les deux strophes qui composent ce chœur sont accompagnées de la danse dite ὑπόρχημα. Le rythme de ce chœur (859-865 = 873-879) est le *dactylo-trochaïque* de forme épitritique :

> Θὲς εἰς χορὸν, ὦ φίλα, ἴχνος,
> ὡς νεβρὸς οὐράνιον
> πήδημα κουφίζουσα σὺν ἀγλαΐᾳ.
> Νικᾷ στεφανοφόρα κρείσ-
> σω τῶν παρ' Ἀλφειοῦ ῥείθροις τελέσας
> κασίγνητος σέθεν· ἀλλ' ἐπάειδε
> καλλίνικον ᾠδὰν ἐμῷ χορῷ.

```
∪ –́ ∪ ∪ –́ ∪ — –́ ∪
–́ ∪ ∪ –́ ∪ ∪ –́
— –́ ∪ –́ — –́ ∪ ∪ –́ ∪ ∪ –́
— –́ ∪ ∪ –́ ∪ — –́
— –́ ∪ –́ — –́ ∪ ∪ ∪ –́ ∪ ∪ –́
∪ –́ — –́ ∪ ∪ ∪ –́ ∪ ∪ –́ ∪
–́ ∪ –́ ∪ — –́ –́ ∪ –́ ∪ –́.
```

4°) Dialogue iambique entre Oreste (Pylade reste muet) et Électre (880-958). Le dialogue commence par deux couplets de dix vers d'Électre et d'Oreste (880-899). Après une *stichomythie* d'Électre et d'Oreste (900-906), se place un couplet d'Électre (907-956). La scène se termine par un distique du coryphée (956-958).

5°) Dialogue iambique d'Oreste et d'Électre (959-987). Après un tristique d'Oreste, il y a une *stichomythie* d'Électre et d'Oreste (962-981), suivie de deux tristiques d'Électre et d'Oreste (982-987).

6°) Morceau anapestique, prononcé par le coryphée et annonçant l'arrivée de Clytemnestre (988-997). Ce morceau comprend deux périodes, terminées par un parémiaque. Le second vers de la première est un monomètre.

Ἰώ,
βασίλεια γύναι χθονὸς Ἀργείας,
παῖ Τυνδαρέου,
καὶ τοῖν ἀγαθοῖν ξύγγονε κούροιν
Διός, οἳ φλογερὰν αἰθέρ' ἐν ἄστροις
ναίουσι, βροτῶν ἐν ἁλὸς ῥοθίοις
    τιμὰς σωτῆρας ἔχοντες·
χαῖρε, σεβίζω σ' ἴσα καὶ μάκαρας
πλούτου μεγάλης τ' εὐδαιμονίας·
Τὰς σὰς δὲ τύχας θεραπεύεσθαι
    καιρός· <χαῖρ',> ὦ βασίλεια.

⏑ —
⏑ ⏑ — ⏑ ⏑ — ⏑ ⏑ — — —
— — ⏑ ⏑ —
— — ⏑ ⏑ — — ⏑ ⏑ — —
⏑ ⏑ — ⏑ ⏑ — — ⏑ ⏑ — —
— — ⏑ ⏑ — ⏑ ⏑ — ⏑ ⏑ —
    — — — ⏑ ⏑ — — —
— ⏑ ⏑ — — ⏑ ⏑ — ⏑ ⏑ —
— — ⏑ ⏑ — — ⏑ ⏑ ⏑ —
— — ⏑ ⏑ — ⏑ ⏑ — — —
    — — — ⏑ ⏑ — — —

7°) Dialogue iambique entre Clytemnestre et Electre (998-1146).
Dans la première partie de ce dialogue, la symétrie des deux
discours de Clytemnestre et d'Electre est à remarquer. Ils
comprennent tous deux quarante vers et sont séparés par un
tétrastique du coryphée et cinq vers, partagés entre Electre et
Clytemnestre. Un distique du coryphée termine la discussion
(1011-1117) :

Clyt. 40 v.

Ch.   4 v.

El.   3 v.

Cl.   1 v.

El.   1 v.

Cl.   1 v.

El.   4o v.

Ch.   2 v.

La fin du dialogue comprend plusieurs *stichomythies* : 1113-1123 ; 1128-1131.

Le στάσιμον γ′ (1147-1171) est formé d'un couple antistrophique.

$$\left\{ \begin{array}{l} \text{στρ.} - 1147 - 1154 = 8 \text{ v.} \\ \text{ἀντ.} - 1155 - 1162 = 8 \text{ v.} \end{array} \right\}$$

et d'une épode :

ἐπῳδ. — 1163 — 1164 ; — 1196 — 1171.

Dans cette épode s'insèrent deux vers de Clytemnestre et deux vers prononcés par l'un des choreutes. On a ainsi la disposition suivante :

Coryph   2 v.

Clyt.   1 v.

Chor.   1 v.

Clys.   1 v.

Ch.   1 v.

Coryph.   3 v.

Remarquons, en passant, que la même disposition se rencontre dans la seconde strophe de chœur alterné de l'ἔξοδος de *Médée*, où les cris des enfants coupent les chants du chœur. (1272-1281).

Le couple antistrophique (1147-1154 = 1155-1162) est composé dans le rythme *dogmiaque* :

Ἀμοιβαὶ κακῶν· μετάτροποι πνέου-

σιν αὖραι δόμων. Τότε μὲν ἐν λουτροῖς

ἔπεσεν ἐμὸς ἐμὸς ἀρχέτας,

ἰάχησε δὲ στέγεα λάϊνοί

τε θριγκοὶ δόμων,

τάδ' ἐνέποντος· Ὦ σχέτλιος ἢ γύναι
φονεύσεις φίλαν πατρίδα δεκέτεσι
σποραῖσιν ἐλθόντ' ἐμάν;

⏑ ⏖ ⏑ ⏑ ⏑ ⏖ ⏑ ⏑
⏑ ⏖ ⏑ ⏑ ⏑ ⏖ ⏑ — ⏑
⏑ ⏑ ⏑ ⏑ ⏑ ⏑ ⏑ ⏑
⏑ ⏑ ⏑ ⏖ ⏑ ⏑ ⏑ ⏑
⏑ ⏖ ⏑ ⏑
⏑ ⏑ ⏑ ⏑ ⏑ ⏑ ⏑ ⏑ ⏑
⏑ ⏖ ⏑ ⏑ ⏑ ⏑ ⏑ ⏑ ⏑
⏑ ⏑ ⏖ ⏑ ⏑

Dans l'épode, le chant du coryphée est également *dogmiaque*.
Tout le morceau doit se scander ainsi :

Coryphée : série dogmiaque :

    Ὀρεία τις ὡς λέαιν' ὀργάδων
    δρύοχα νεμομένα, τάδε κατήνυσεν.

    ⏑ ⏖ ⏑ ⏑ ⏖ ⏑ ⏑
    ⏑ ⏑ ⏑ ⏑ ⏑ ⏑ ⏑ ⏑ ⏑ ⏑

Clytemnestre : un vers composé d'une tripodie iambique
et de la tétrapodie trochaïque catalectique dite Εὐριπίδειον ou
Ἀγκύθιον.

    Ὦ τέκνα, πρὸς θεῶν, μὴ κτάνητε μητέρα.

    — ⏑ ⏑ ⏑ — ⏑ ⏑ ⏑ ⏑ ⏑

Choreute : dimètre iambique :

    Κλύεις ὑπώροφον βοάν·

    ⏑ ⏑ ⏑ ⏑ ⏑ ⏑ ⏑

Clytemnestre : monomètre iambique :

    Ἰώ μοι' μοι

    ⏑ ⏑ — ⏑;

Choreute : Trimètre iambique :
Coryphée : série dogmiaque :

Νέμει τοι δίκαν θεὸς, ὅταν τύχῃ·

σχέτλια μὲν ἔπαθες, ἀνόσια δ' εἰργάσω,

τάλαιν', εὐνέταν·

⏑ — — — ⏑ — ⏑ ⏑ ⏑ — ⏑ —

⏑ ⏑ ⏑ ⏑ ⏑ ⏑ ⏑ ⏑ ⏑ ⏑ ⏑ — ⏑ —

⏑ — — — ⏑ —.

L'ἔξοδος (1172-1359) est formé de quatre parties :

1°) Après cinq trimètres iambiques du coryphée vient un κομμός, qui comprend trois couples de strophes (1177-1231).

Le premier couple est à trois voix : Oreste, Électre et un παραστάτης :

$$\left\{\begin{array}{l}\text{στρ. α'}\left\{\begin{array}{l}\text{Or. } 1177 - 1181 \text{ (lacune de 2 v.)} = 5\ (7)\ \text{v.}\\ \text{El. } 1182 - 1184 = 5\ \text{v.}\\ \text{παρ. α' : } 1185 - 1189 = 5\ \text{v.}\end{array}\right\} = 15\ \text{v.}\\ \text{ἀντ. α'}\left\{\begin{array}{l}\text{Or. } 1190 - 1196 = 7\ \text{v.}\\ \text{El. } 1197 - 1200 = 3\ \text{v.}\\ \text{παρ. α' : } 1201 - 1205 = 5\ \text{v.}\end{array}\right\} = 15\ \text{v.}\end{array}\right\}$$

Le second couple est à deux voix : Oreste et un παραστάτης :

$$\left\{\begin{array}{l}\text{στρ. β'}\left\{\begin{array}{l}\text{Or. } 1206 - 1209 = 4\ \text{v.}\\ \text{παρ. β'. } 1210 - 1212 - 3\ \text{v.}\end{array}\right\} = 7\ \text{v.}\\ \text{ἀντ. β'}\left\{\begin{array}{l}\text{Or. } 1214 - 1217 - 4\ \text{v.}\\ \text{παρ. β. . } 1218 - 1220 = 3\ \text{v.}\end{array}\right\} = 7\ \text{v.}\end{array}\right\}$$

Le troisième couple est à trois voix : Oreste, Électre et le coryphée :

$$\left\{\begin{array}{l}\text{στρ. γ'}\left\{\begin{array}{l}\text{Or. } 1221 - 1223 = 3\ \text{v.}\\ \text{El. } 1224 - 1225 = 2\ \text{v.}\\ \text{Coryph. } \quad 1226 = 1\ \text{v.}\end{array}\right\} = 6\ \text{v.}\\ \text{ἀντ. γ'}\left\{\begin{array}{l}\text{Or. } 1227 - 1229 = 3\ \text{v.}\\ \text{El. } 1230 - 1231 = 2\ \text{v.}\\ \text{Coryph. } \quad 1232 = 1\ \text{v.}\end{array}\right\} = 6\ \text{v.}\end{array}\right\}$$

Les trois couples sont composés dans le rythme *iambique*.
Premier couple (antistrophe) : 1177-1189 = 1190-1205 :

Oreste :

> Ἰὼ Φοῖβ᾽, ἀνύμνησας δίκαν,
> ἄφαντα φανερὰ δ᾽ ἐξέπρα-
> ξας ἄχεα, φόνια δ᾽ ὤπασας
> λάχε᾽ ἀπὸ γᾶς Ἑλλανίδος·
> Τίνα δ᾽ ἑτέραν μόλω πόλιν; τίς ξένος,
> τίς εὐσεβὴς ἐμὸν κάρα
> προσόψεται ματέρα κτανόντος;

> ◡ _́ _́ ◡ _́ __ _́ ◡ _́
> ◡ _́ ◡ ◡ ◡ ◡ _́ ◡ _́
> ◡ ◡ ◡ ◡ ◡ ◡ ◡ _́ ◡ _́
> ◡ ◡ ◡ ◡ _́ __ _́ ◡ _́
> ◡ ◡ ◡ ◡ _́ ◡ _́ ◡ _́ _́ ◡ _́
> ◡ _́ ◡ _́ ◡ _́ ◡ _́
> ◡ _́ ◡ _́ ◡ _́ _́ ◡ _́ ◡ _́ ◡ _́ _́́.

Electre :

> Ἰὼ, ἰώ μοι. Ποῖ δ᾽ ἐγώ; τίν᾽ εἰς χορὸν,
> τίνα γάμον εἶμι; τίς πόσις με δέξεται
> νυμφικὰς ἐς εὐνάς;

> ◡ _́ ◡ _́ __ _́ ◡ _́ ◡ _́ ◡ _́
> ◡ ◡ ◡ ◡ _́ ◡ _́ ◡ _́ ◡ _́ ◡ _́
> _́ ◡ _́ ◡ _́ __.

παρ. α΄ :

> Πάλιν, πάλιν φρόνημα σὸν
> μετεστάθη πρὸς αὔραν·
> φρονεῖς γὰρ ὅσια νῦν, τότ᾽ οὐ
> φρονοῦσα, δεινὰ δ᾽ εἰργάσω,
> φίλα, κασίγνητον οὐ θέλοντα.

> ◡ _́ ◡ _́ ◡ _́ ◡ _́
> ◡ _́ ◡ _́ ◡ _́ _́
> ◡ _́ ◡ ◡ ◡ ◡ _́ ◡ _́
> ◡ _́ ◡ _́ ◡ _́ ◡ _́
> ◡ _́ ◡ _́ _́ ◡ _́ ◡ _́ ◡ _́ _́́

Second couple (1206-1212 = 1214-1220) :

Oreste :

> Κατεῖδες, οἷον ἁ τάλαιν' ἑῶν πέπλων
> ἐξέβαλ', ἔδειξε μαστὸν ἐν φοναῖσιν,
> ἰώ μοι, πρὸς πέδῳ
> τιθεῖσα γοῦνα μέλεα; τακόμαν δ' ἐγώ.

> ∪ ∠ ∪ ∠ ∪ ∠ ∪ ∠ ∪ ∠ ∪ ∠
> — ∪ ∪ ∪ ∠ ∪ ∠ ∪ ∠ ∪ _∪ ∨
> ∪ ∠ _ ∠ ∪ ∠
> ∪ ∠ ∪ ∠ ∪ ∪ ∪ ∪ ∠ ∪ ∠ ∪ ∠.

παρ. β' :

> Σάφ' οἶδα, δι' ὀδύνας ἔβας,
> ἰήϊον κλύων γόον
> ματρὸς, ἅ σ' ἔτικτεν·

> ∪ ∠ ∪ ∪ ∪ ∪ ∠ ∪ ∠
> ∪ ∠ ∪ ∠ ∪ ∠ ∪ ∠
> ∠ ∪ ∠ ∪ ∠ —.

Troisième couple (1221-1226 = 1227-1232). Le dernier vers,
attribué au coryphée, a la forme logaédique.

Oreste :

> Ἐγὼ μὲν ἐπιβαλὼν φάρη κόραις ἐμαῖς
> φασγάνῳ κατηρξάμαν
> ματέρος ἔσω δέρας μεθείς·

> ∪ ∠ ∪ ∪ ∪ ∪ ∠ ∪ ∠ ∪ ∠ ∪ ∠
> ∠ ∪ ∠ ∪ ∠ ∪ ∠
> — ∪ ∪ ∪ ∠ ∪ ∠ ∪ ∠ ∨̣.

Electre :

> Ἐγὼ δ' ἐπεγκέλευσά σοι
> ξίφους τ' ἐφηψάμαν ἅμα.

> ∪ ∠ ∪ ∠ ∪ ∠ ∪ ∠
> ∪ ∠ ∪ ∠ ∪ ∠ ∪ ∨

Coryphée :

> Δεινότατον παθέων ἔρεξας·

> ∠ ∪ ∪ ∠ ∪ ∪ ∠ ∪ ∠ ∨.

2°) Après une période anapestique du coryphée (1233-1237), se place un long couplet en trimètres iambiques des Dioscures (Castor) : 1238-1291.

3°) Dialogue *anapestique* entre le chœur, les Dioscures (Castor), Oreste et Électre (1292-1356). Ce dialogue se compose de trois périodes anapestiques, terminées par un parémiaque :

1292-1307,

1308-1330,

1331-1356.

4°) ἐξόδιον du chœur, formant une période *anapestique*, terminée par un parémiaque (1357-1359).

TABLE DES MATIÈRES

	Pages
Avant-propos	1
Introduction *(De la tragédie)*	3
Sophocle. *Electre*	9
πρόλογος	11
πάροδος	12
ἐπεισόδιον α'	17
στάσιμον α'.	18
ἐπεισόδιον β'	20
στάσιμον β'.	22
ἐπεισόδιον γ'	24
στάσιμον γ'.	28
ἔξοδος	28
Sophocle. *Œdipe-roi*	31
πρόλογος	33
πάροδος.	33
ἐπεισόδιον α'	35
στάσιμον α'.	36
ἐπεισόδιον β'	38
στάσιμον β'.	41
ἐπεισόδιον γ'	43
στάσιμον γ'.	45
ἔξοδος	46

Euripide. *Les Bacchantes* 54

πρόλογος 53

πάροδος 53

ἐπεισόδιον α′ 57

στάσιμον α′ 60

ἐπεισόδιον β′ 62

στάσιμον β′ 65

ἐπεισόδιον γ′ 67

στάσιμον γ′ 68

ἔξοδος 70

Euripide. *Electre* 75

πρόλογος 77

πάροδος 80

ἐπεισόδιον α′ 82

στάσιμον α′ 83

ἐπεισόδιον β′ 85

στάσιμον β′ 87

ἐπεισόδιον γ′ 89

στάσιμον γ′ 92

ἔξοδος 94